BYZANTINISCHES KRETA

Klöster und Zeugnisse byzantinischer zeit auf Kreta

Verlag KARMANOR
© Nikos Psilakis

Irakleio/Kreta 1994

Aufnahmen, wo nicht anders vermerkt:
Nikos Psilakis.

Übersetzung aus dem Griechischen:
Annette Voßwinkel

Zentralvertrieb:
V. Koubidis - V. Manouras
Daidalou 8, Irakleio/Kreta
Tel.: 220135.

Druck:
«TYPOKRETA»
Industriell Gebiet von Iraklion Krete
Tel. (081) 229.313, 229.357.

VORWORT

Mit diesem Buch möchte der Verfasser, der sich seit Jahren mit der Geschichte der kretischen Klöster befaßt, dem Leser die byzantinischen Denkmäler von Kreta nahebringen. An eine ausführliche Einleitung über die Bedingungen, die in der byzantinischer Zeit auf Kreta herrschten, und einen kurzen Überblick über die Geschichte der Insel schließen sich Vorschläge für Besichtigungsfahrten an. Sie umfassen alle bestehenden Klöster sowie zahlreiche, die zwar heute verlassen, doch von allgemeinem Interesse sind. Zudem wird auf Museen und ausgemalte Kirchen hingewiesen, die besichtigt werden können. Auf Kreta gibt es mehr als 800 Kirchen, die mit Wandmalereien ausgeschmückt sind, und dem Verfasser ist sehr wohl bewußt, daß vermutlich niemand alle besichtigen kann. Aus diesem Grunde wurden jene ausgewählt, die zu besichtigen sind, mit anderen byzantinischen und nachbyzantinischen Denkmälern verbunden werden können und dem Besucher ein repräsentatives Bild der Entwicklung der kretischen Malerei bieten. Es werden 17 Routen vorgeschlagen, denen zur besseren Orientierung jweils Karten vorangestellt sind (für Route 6 und 7 gibt es eine gemeinsame Karte auf Seite 87).

Wenn man das Innere der Kirchen besichtigen möchte, sollte man sich zuvor an die Dorfpfarrei wenden, da die Kirchen verschlossen sein können.

Die Klöster sind von Sonnenaufgang bis Sonnenuntergang geöffnet, doch schließen sie mittags gewöhnlich von 13 bis 15 Uhr. Die Besucher sind aufgefordert, den Ort, die klösterliche Gemeinschaft und ihre besondere Lebensform zu respektieren. Für den Besuch der meisten Klöster ist eine angemessen Kleidung erforderlich.

ANMERKUNG DER ÜBERSETZERIN

Für die Wiedergabe der neugriechischen Wörter (Personennamen, Ortsnamen etc.) wurde das Transskriptionssystem des Griechischen Instituts für Normung (ELOT) zugrunde gelegt, wodurch eine relativ große Annäherung an die griechische Schreibweise erreicht wird.
Hinsichtlich der Aussprache ist vor allem folgendes zu beachten:
- ai entspricht einem kurzen ä' wie in 'Männer', ei, oi und y werden 'i' und ou 'u' ausgesprochen;
- g spricht man, wenn es vor einem i oder e steht, j' aus (Agios = 'ajios');
- z entspricht einem stimmhaften 's' wie in 'leise' und s einem stimmlosen wie in 'fließen', sch spricht sich s''ch' [sx];
- d entspricht einem stimmhaften 'th' [ñ] wie in englisch 'that' und th einem stimmlosen 'th' [θ] wie in englisch 'thing';

INHALTSVERZEICHNIS

Die Geschichte 7
1. byzantinische Zeit 8
Die Kirche des Heiligen Titus 9
Zeit der Araberherrschaft 10
2. byzantinische Zeit 11
Zeit der Venezianerherrschaft 13
Namen byzantinischer Kaiser auf Inschriften 14
Kreta im Jahr 1453 15
Historisches Museum Kreta 17
Museum Agia Aikaterini 20
Byzantinische Denkmäler in Archanes 23
Die Klöster 26
Mönchtum und Einsiedlerwesen 30
Das Leben der Mönche 30
Koinobitische und idiorrhythmische Klöster 30
Die Klosterarchitektur 32
Route 1: Irakleio - Kloster Agkarathos -
Kloster Kera - Pediada 34
Route 2: Irakleio - Kloster Apanosifi 49
Route 3: Irakleio - Mesara-Ebene 55
Route 4: Irakleio - Viannos 75
Route 5: Irakleio - Malevizi-Dörfer 78
Route 6: Irakleio - Agios Nikolaos -
Klöster von Merampello 87
Route 7: Agios Nikolaos - Dörfer und Denkmäler
von Merampello 91
Route 8: Agios Nikolaos - Ierapetra 104
Route 9: Agios Nikolaos - Siteia 107
Route 10: Chania - Halbinsel Akrotiri 115
Route 11: Chania - Chrysopigi, Umgebung von Chania 129
Route 12: Chania - Kisamos und Selino 136
Route 13: Rethymno - Umgebung von Rethymno 149
Route 14: Rethymno - Kloster Arkadi 156
Route 15: Rethymno - Amari 165
Route 16: Rethymno - Kloster Preveli - Sfakia 175
Route 17: Rethymno - Klöster Roustika, Myriokefala 187
Route 18: Rethymno - Klöster Chalepa - Vosakos - Bali 192

DIE GESCHICHTE

Vor der Ausbreitung des Christentums war Kreta von großer Bedeutung für das religiöse Leben und die kultischen Bräuche der antiken Welt. In einer Höhle der Insel wurde der höchste aller Götter Zeus geboren, auf einem kretischen Berg schützten ihn die Kureten vor dem väterlichen Fluch und eine Ziege, Amaltheia genannt, zog ihn mit ihrer Milch groß. In dieser Höhle entstand eines der berühmtesten Heiligtümer, in dem sich Pilger aus dem ganzen östlichen Mittelmeer versammelten. Ein anderer Mythos besagt, daß Europa, jenes Mädchen, nach dem ein ganzer Kontinent benannt wurde, auf Kreta zur Welt kam, wo sie Zeus unter einer Platane in Liebe umarmte; und für die Alten war eine immergrüne Platane in Gortyna der Baum, unter welchem Zeus die schöne Europa geliebt hatte. Aber auch die Neigung der Kreter, ihren Göttern als Priester zu dienen, ist aus antiken Schriften bekannt. Die ersten Prister des Apollon in dem berühmten Heiligtum von Delphi waren Kreter.

Die Mythologie in Verbindung mit der bedeutenden Stellung, welche Kreta als geographisches und religiöses Zentrum der Antike innehatte sowie dem Hang der Kreter zur Priesterschaft schufen eine tiefe religiöse Tradition, welche sich auch in den folgenden Jahrhunderten fortsetzen sollte. Zur Zeit der Ausbreitung des Christentums war Kreta ein kultisches Zentrum mit Tausenden von Pilgern, die bis ins 5.Jh.n.Chr. auf den Psiloreitis (Ida) zu jener Höhle wallfahrten, in der nach dem Mythos Zeus geboren wurde. Doch in einigen Gebieten der Insel war die neue Religion sehr früh von Apostel Paulus selbst verkündet worden. Auf einer seiner Missionsreisen ließ er auf Kreta den Apostel Titus, seinen Freund und Schüler, zurück, der als der Begründer der kretischen Kirche angesehen wird. Zu Ehren dieses Apostels errichteten die Kreter die prächtige Kirche, die sich in der kretischen Hauptstadt der römischen Zeit, Gortyna, befindet und eines der bedeutendsten christlichen Monumente der Insel darstellt. Aber auch der Apostel Paulus wurde und wird auf Kreta verehrt, wo es viele Kirchen sowie einige Klöster gibt, die ihm geweiht sind. Daneben gibt es viele Überlieferungen, nach denen der Apostel Paulus verschiedene Orte der Insel besucht haben soll.

Die Verbindung Kretas mit dem großen Reich von Byzanz reicht bis ins 4.Jahrhundert zurück und war reichlich turbulent und abenteuerlich. Die arabische Vorherrschaft im Mittelmeer schuf viele Probleme und die vielen Überfälle, zu denen es vor Beginn des 9.Jhs. kam, erschütterten das ruhige Leben auf der Insel. 828 wird Kreta vom byzantinischen Reich abgeschnitten: die Sarzenen erobern es und haben es in ihrer Gewalt, bis es 961 durch den byzantinischen General und späteren Kaiser Nikephoros Phokas befreit wird. Mit dem Jahr 961 beginnt für Kreta die zweite byzantinische Zeit, die bis 1204 andauerte. Mit der Auflösung des byzantinischen Kaiserreiches durch die Kreuzfahrer, geht Kreta in den Besitz des genuesischen Erzpiraten Enrico Pescatore über, der es an Venedig, die große

Macht jener Zeit, verkauft. Die Venezianer hielten die Insel besetzt, bis sie 1645/1669 von den Osmanen erobert wurde. Die dunkle Periode der Türkenherrschaft dauerte bis 1898. In der Folge wurde Kreta zunächst ein halbautonomer Staat und erst 1913 mit dem übrigen Griechenland vereinigt.

Von besonderer Bedeutung ist, daß die Bewohner Kretas eine wahrhaft kämpferische Mentalität entwickelten, da sie wußten, daß sie nur durch große Kämpfe ihre Freiheit erlangen konnten. Die Aufstände gegen die Venezianer und später gegen die Türken waren zahlreich und forderten viele Opfer; einige von ihnen sind als Beispiele der Selbstaufopferung und des Kampfes für den Erhalt der Menschenwürde in die Weltgeschichte eingegangen.

BYZANTINISCHE ZEIT
(330-824)

Das Kreta der 1. byzantinischen Zeit war eine Provinz (Thema) des großen byzantinischen Reiches, in welcher sich die alten Verwaltungsinstitutionen, die sich aus der Zeit der römischen Herrschaft erhalten hatten, und die neuen administrativen Strukturen, die im gesamten byzantinischen Staat herrschten, eine Verbindung eingingen. Hauptstadt des Themas Kreta war Gortyna, eine große Stadt an der Südseite der Insel, die heute verlassen ist. Aber auch die Ruinen dieser großen Stadt zeugen noch von der Blüte der Insel in jener Zeit. Der heutige Besucher kann die Ruinen der Titus-Kirche aus dem 6.Jh. besichtigen, die Ruinen der altchristlichen Basiliken in der SO-Ecke der Akropolis der Stadt und in Mavropata (auf der Straße von Agioi Deka nach Mitropolis), den Tempel des pythischen Apollon, der in eine christliche Kirche umgewandelt wurde u.a.

Die Historiker sind sich einig, daß Kreta in der 1. byzantinischen Zeit in einem geruhsamen Wohlstand lebte und nicht mehr, wie in der Vergangheit, eine führende Rolle spielte. Es war, so könnte man sagen, historisch unscheinbar, und seine Bevölkerung ging friedlichen Werken nach. Doch gegen Ende der Periode wurde diese Ruhe durch die beginnenden arabischen Raubzüge gestört, welche der byzantinischen Inselprovinz große Probleme bereiteten. Schließlich besetzten die Sarazenen zu Beginn des 9.Jhs. die Insel, auf der sie einen Piratenstaat errichteten.

Über die Kunst auf Kreta in der 1. byzantinischen Zeit ist fast nichts bekannt. Doch die archäologischen Funde zeigen, daß es ein reges religiöses Leben gegeben haben muß. Über die ganze Insel verstreut, hat man Überreste von mehr als 70 altchristlichen Basiliken lokalisiert. Einige von ihnen sind besonders interessant, und in den Ruinen kann man die Fundamente der Gesamtanlage erkennen, die Mosaiken und die besondere Art des Kirchenbaus bewundern. Besonders typisch sind die Basiliken in Itanos/Siteia, nahe dem Palmenwald von Vaï (es gibt dort Überreste dreier Basiliken), im Hafen von Siteia, in Elounta bei Merampello (zwei), in Malia, in Chersonisos/Irakleio, in Piskopiano bei Chersonisos, in Knossos, in Lyktos (eine antike Stadt zwischen den heutigen Dörfern Xidas-Askoi und Kastamonitsa), in Lasaia (in der Nähe von Kaloi Limenes), in Lentas, Gortyna, Syvritos (in der Nähe von Amari: Byzari, Thronos - an der Stelle Marmara), in Panormos bei Mylopotamos, in Argyroupoli/Rethymno, in Goudeliana/Rethymno, in Viran bei Episkopi, Fragkokastello, Agia Roumeli (am Eingang zur Samaria-Schlucht), in Sougia bei Selino, in Episkopi (Rotonta) bei Kisamos, in Agia/Chania, in Almyrida bei Apokoronos u.a.) Die meisten und auch die interessantesten dieser Kirchen liegen an der Küste, und dies vermittelt ein klares Bild von Kreta in den ersten christlichen und byzantinischen Jahren: die Küsten waren dicht besiedelt und es bestand keine Furcht vor Piratenüberfällen.

Die Basiliken waren große rechteckige Bauten, deren Inneres durch Säulenreihen in drei Schiffe geteilt war. Dieser architektonische Typus bildet eine Fortentwicklung der architektonischen und ästhetischen Vorstellungen der Spätantike. Anfänglich waren die Basiliken nicht nur Kirchen im heutigen Sinne also nicht nur ein Ort, an welchem Kultushandlungen vorgenommen und Gottesdienste abgehalten wurden, sondern auch Orte für religiöse Versammlungen. Aus diesem Grunde wurden viele Gebäude rund um die Basiliken erbaut, wie es schon in den antiken Heiligtümern der Fall war, deren Weiterentwicklung diese altchristlichen Bauten darstellen. Das eigentliche Gotteshaus hatte seine eigene besondere Gliederung: zunächst betrat man das Peristyl (Säulenumgang). Es handelte sich um den Ort der Vorbereitung des Gläubigen, welchen er durchschreiten mußte, um von dort aus in den Narthex (Vorhalle), d.i. den Ort der Katechumenen, zu gelangen. Hinter dem Narthex lag die eigentliche Kirche, an die sich östlich der Altarraum anschloß, der nur von den Priestern zu betreten war. Die Räume einer Basilika waren also auf einer horizontalen Achse ausgerichtet, die von Ost nach West verlief.

Ein Beispiel für die Kunstauffassung in der 1. byzantinischen Zeit auf Kreta ist die auf bildliche Darstellung verzichtende Ausschmükkung der Kirche Agios Nikolaos im Kastelli von Merampello (in der Stadt Agios Nikolaos). Zu dieser Ausschmückung gehören in Quadrate eingelassene Kreuze, Dreiecke mit blattförmigen Verzierungen u.a.

DIE KIRCHE DES HEILIGEN TITUS (AGIOS TITOS).

Die wichtigste Kirche, die sich aus der Zeit der 1. Byzantinerherrschaft auf Kreta erhalten hat, ist die Kirche des Heiligen Titus. Sie wurde in der Mitte dieser Periode, im 6.Jh., erbaut, also in einer Zeit, der ein Wandel in der byzantinischen Kirchenarchitektur vorausgegangen war. Es ist eine Kreuzkuppelkirche, deren besonders sorgfältige Bauweise ihre Bedeutung unterstreicht. Wenn sie auch dem Kirchentypus jener Zeit folgt, so weist sie doch ein Reihe von Besonderheiten auf. Auf dem Boden der Kirche fanden sich Fragmente von marmornen Bauteilen und Kreuzen, die bei einer der Ausbesserungen in die Wände vermauert worden waren. An der Südseite hat man eine eingetiefte Grube mit liturgischem Gerät, Kerzenleuchtern und anderen Gegenständen gefunden, die sich heute im Historischen Museum von Kreta in Irakleio befinden.

Es handelt sich auf jeden Fall um einen prächtigen Kirchenbau, in welcher der Überlieferung zufolge das Haupt des Heiligen Titus aufbewahrt wurde, jenes Apostels, der in Gortyna wirkte und im Grund die kretische Kirche organisierte. Er soll in der Kirche selbst begraben worden sein. Sicher ist jedenfalls, daß sein Haupt in der Kirche verblieb, bis in der 2.

1. Die Ruinen einer altchristlichen Basilika in Limenas Chersonisou. Der Mosiakfußboden.
2,3. Teil der Ruinen der Tituskirche im Antikengelände von Gortyna.

byzantinischen Zeit das Verwaltungszentrum Kretas verlegt wurde. Damals wurde das Haupt nach Chandax (das heutige Irakleio) überführt. Doch nach dem Angriff der Türken und der langjährigen Belagerung von Chandax brachte man es nach Venedig, von wo es erst 1966 wieder nach Kreta zurückkehrte. Einige Jahrhunderte lang war die Kirche Metropolitankirche, in der bedeutende hohe Geistliche ihr Amt versahen.

ZEIT DER ARABERHERRSCHAFT
(828-961)

Der ruhige Verlauf der Geschichte auf Kreta wurde gewaltsam unterbrochen, als es von den Sarazenen erobert wurde, die unter ihrem Führer Abu Chafs Omar aus dem spanischen Cordoba auf die Insel kamen. Es handelte sich bei ihnen um Piraten, die in jener Zeit, Anfang des 9.Jhs. auf der Suche nach einem Stützpunkt im östlichen Mittelmeer waren. Nachdem sie in Ägypten erfolglos geblieben waren, eroberten sie Kreta. Die kretischen Volkssagen haben den Überfall der Sarazenen nicht vergessen. So sollen diese nach der Landung auf Kreta ihre Schiffe in Brand gesteckt haben, um nicht wieder fort zu können, da ihnen die Insel zusagte und der Boden fruchtbar war. Diese Sagen zeigen nur den gewaltigen Eindruck, den dieses große Ereignisses bei der Bevölkerung hinterließ und spiegeln nicht die historische Wirklichkeit wider. Einer anderen Volkssage nach sollen die Sarazenen dämonische Kräfte besitzen. Es ist jedoch eine Tatsache, daß diese Zeit zu den dunkelsten der kretischen Geschichte zählt. Die byzantinische Kultur wurde verdrängt, die Städte verfielen und es wurde das neue Verwaltungszentrum Chandax gegründet, von dem aus die Sarazenen ihre Piratenzüge ins Mittelmeer unternahmen. Hier sammelten sie auch die Beute ihrer Überfälle, die eine wahre Plage und ein andauernder Schrecken für das byzantinische Reich darstellten. Die frühere Geschichtsforschung war der Ansicht, daß die Araber einen Großteil der kretischen Bevölkerung zwangen, zum Islam überzutreten und daß sich die Zusammensetzung der Inselbevölkerung veränderte. Neuere Forschungen haben jedoch nachgewiesen, daß es weder zu einem Wandel in der ethnischen Zusammensetzung der Inselbevölkerung noch zu Massenislamisierungen kam.

Wiederholt unternahm Byzanz Versuche zur Rückeroberung Kretas. Doch erst 961 gelang es Nikephoros Phokas, dem späteren Kaiser, nach einem harten und verlustreichen Kampf, die Insel in den Schoß des byzantinischen Reiches zurückzuführen.

Aus der Zeit der Araberherrschaft hat sich auf Kreta kaum etwas erhalten. Damals wurde die erste Stadtmauer von Chandax angelegt. Spuren von diesen Mauern mit Ausbesserungen aus späterer Zeit kann man zwischen der Odos

Daidalou und der Leophoros Dikaiosynis sehen. An vielen Stellen in der Stadt und besonders in der Nähe des Hafens finden sich bei Bauarbeiten immer wieder arabische Münzen und Fragmente von Gefäßen aus jener Zeit. Einige davon sind im Historischen Museum Kreta in Irakleio ausgestellt.

4. Gortyna. Die Kirche des Heiligen Titus.
5. Nikephoros Phokas. Zeitgenössisches Relief, das sich heute im Historischen Museum Kreta in Irakleio befindet.

2. BYZANTINISCHE ZEIT (961-1204)

Die Rückeroberung Kreta durch den byzantinischen General Nikephoros Phokas war ein Ereignis von außerordentlicher historischer und kultureller Wichtigkeit, und die Byzantiner feierten die Befreiung der Insel mit besonderer Pracht. Die Beuteschätze der Sarazenen machten den byzantinischen Staat reicher. Der tief religiöse General Nikephoros Phokas schenkte einen Teil des arabischen Schatzes seinem Freund, dem Mönch Athanasios Athonitis. Mit diesen Mitteln gründete letzterer das bedeutende Kloster der Megisti Lavra auf dem Berg Athos.

Die Rückkehr Kretas in die byzantinische Welt ließ auf der Insel einen frischen Wind des Aufschwungs und der kulturellen Blüte wehen. Das Kreta der 2. byzantinischen Zeit paßte sich schnell dem byzantinischen Lebensrhythmus und den byzantinischen Wertvorstellungen an. Man kann sich heute vorstellen, daß die Insel eines Morgens des Jahres 961 "erwachte" und sich in einer anderen, gänzlich unbekannten Welt fand. Die letzte Generation, die sich noch an die Zeit der byzantinischen Herrschaft (bis 824) erinnern konnte, lebte nicht mehr, und die folgenden Generationen lebten völlig abgeschnitten von der übrigen Welt, isoliert auf einer Insel, deren Leben sich von den bis dahin geltenden Sitten und Bräuchen unterschied. Kreta erwachte also in einer unbekannten Welt, wenn auch heute die Lebensbedingungen jener Periode unbekannt sind. Die Byzantiner hatten alle jene Elemente zu entfernen, welche sich auf der Insel während der Araberherrschaft angesammelt hatten. Sie organisierten die Verteidigung Kretas, indem sie Wehrbauten anlegten, und sorgten für stärkere Kontrolle über das östliche Mittelmeer, um einen erneuten arabischen Angriff zu verhindern. Auch führten sie ein neues, dem bzyantinischen Vorbild entsprechendes Verwaltungssystem ein. Kreta wurde wieder zu einem Thema, d.i. zu einer Provinz des byzantinischen Reiches.

Die Byzantiner sorgten ferner für eine Stärkung des nationalen und religiösen Bewußtseins der lokalen Bevölkerung. Es wurden erneut Diözesen gegründet, und in Chandax, das nun die Hauptstadt der Insel war, erbaute man eine große Kirche, die dem Apostel Titus geweiht wurde. In diese Kirche wurde das Haupt des Heiligen überführt, das sich bis dahin in der schönen alten Kirche von Gortyna befand. Sofort nach 961 begannen auf Kreta bedeutende Geistliche zu wirken, welche die Botschaft Gottes lehrten. Zu ihnen gehörten Nikon der Reuige und Johannes der Fremde oder Eremit aus dem Dorf Siva in der Mesara-Ebene. Über die Tätigkeit des erstern gibt es keine genauen Informationen. Doch geht aus den Quellen deutlich hervor, daß Johannes der Fremde eine große Persönlichkeit des damaligen religiösen Lebens war. Er gründete mehrere Klöster und zog viele Mönche auf die Insel. Zu den kennzeichnendsten Beispielen gehören die Kirche Zoodochos Pigi ('der lebenspendenden Quelle') zwischen den Dörfern Alikianos und Koufos bei Kydonia, die restauriert worden ist, und die Kirche des Heiligen Paulus in Sfakia. Sein bedeutendstes Werk war das Kloster Myriokefala im Westen des Distrikts von Rethymno, ein Kloster, das Zeiten der Blüte erlebte, heute aber verlassen ist und dessen Kirche als Pfarrkirche genutzt wird. Im Kloster Myriokefala haben sich einige der ältesten kretischen Wandmalereien erhalten. Das Kloster bestand durch viele Jahrhundert, wurde jedoch, wie es scheint, nach 1646 von den Osmanen zerstört.

Weitere Werke Johannes des Fremden oder

Eremiten waren die Kirche Agioi Eutychios und Eutychianos neben dem Kloster Odigitria in der Mesara und, wie nachgewiesen wurde, das alte Kloster Flandra direkt neben dem antiken Palast von Phaistos. (Es gibt keine archäologischen Indizien, sondern nur historische Quellen, da die heute erhaltene Kirche aus der späten Venezianerzeit datiert.)

Es ist lohnenswert, die schöne kleine Kirche des Agios Pavlos am Strand in der Nähe von Agia Roumeli bei Sfakia zu besuchen, die als ein Werk Johannes des Fremden angesehen wird. Der Überlieferung zufolge soll diese Kirche in Erinnerung an einen Besuch des Apostels Paulus in dieser Gegend errichtet worden sein. Um diese Kirche zu besuchen, nimmt man von Chora Sfakion aus ein Ausflugsboot nach Agia Roumeli und geht von dort aus etwa 20min. zu Fuß in östlicher Richtung. Die Landschaft entschädigt mehr als genug für die Anstrengung des Fußmarsches. Die Kirche aus dem 10.-11.Jh. widersetzt sich der Zeit, obwohl sie seit mehr als 1000 Jahren Winter für Winter gegen die salzigen Wellen des Meeres zu kämpfen hat.

Die Veränderungen, welche die Rückeroberung Kretas durch die Byzantiner mit sich brachte, waren auch im Bereich der Kunst von großer Bedeutung. Der kulturelle Kontakt mit Konstantinopel, der Hauptstadt des byzantinischen Staates, brachte einen neuen Geist auf die Insel. Die Versuche kretischer Künstler zur Nachahmung der in anderen byzantinischen Gebieten herrschenden Kunstströmungen waren jedoch nicht immer erfolgreich. Die Künstler Kretas, die länger als 150 Jahre vom byzantinischen Reich abgeschnitten gewesen waren und keine Möglichkeit zur Verfolgung der neueren Kunstrichtungen gehabt hatten, waren nach 961 zunächst einmal gezwungen, sich den neuen Gegebenheiten anzupassen. Ein charakteristisches Beispiel ist der Malschmuck der Kirche Theotokos (der Gottesgebärerin) des Klosters Myriokefala, die von Johannes dem Fremden erbaut wurde. Die älteren Wandmalereien der Kirche stammen aus den ersten Jahren des 11.Jhs. und werden als "provinzielle Nachahmungen der Kunstrichtung der Epoche" angesehen. Es ist nicht bekannt, ob sofort nach 961 Maler aus anderen Gegenden nach Kreta kamen. Es scheint jedoch, daß sich die kretischen Künstler sehr schnell an die neuesten Richtungen der byzantinischen Kunst anpaßten. Ab dem 12.Jh. werden auf Kreta bewunders-

6

7

würdige Baudenkmäler errichtet und zahlreiche mit Wandmalereien ausgeschmückte Kirchen haben sich bis heute erhalten.

Die religiöse Kunst vermittelt ein Bild jener Zeit. Wie im übrigen byzantinischen Staat war auch hier die Religion ein sehr wichtiges Element im Leben der Menschen. Die Mönche übernahmen die Kosten für die Ausmalung vieler Kirchen und auch der Kirchenbau selbst erlebt eine Blüte. Es wurden in jener Zeit viele Klöster gegründet, die auch in der Folgezeit weiterbestanden.

ZEIT DER VENEZIANERHERRSCHAFT
(1204/1211-1645/1669)

Das Jahr 1204 versetzt das Gebiet des östlichen Mittelmeers in große Aufruhr. Die Kreuzfahrer des IV. Kreuzzuges erschütterten den byzantinischen Staat bis in seine Grundfesten und erreichten praktisch seine Auflösung. Nach einem diesbezüglichen Abkommen zwischen den Kreuzfahrern und dem byzantinischen Staat wurde Kreta Bonifaz von Montferrat überlassen. Doch kam ihm der genuesische Erzpirat Enrico Pescatore zuvor und besetzte es 1206. In der Folge verwandelte sich Kreta in ein endloses Schlachtfeld der Auseinandersetzungen zwischen Venezianern und Genuesen. Erstere siegten schließlich 1211 und stabilisierten ihre Herrschaft auf der Insel.

Mit der Oberherrschaft der Venezianer begann für Kreta ein neues Kapitel seiner Geschichte. Die neuen Herren sahen sich einer feindlich eingestellt Bevölkerung gegenüber, denn die Bewohner der Insel forderten ganz zu recht die Wiedereingliederung der Insel in den byzantinischen Staat. Als Gegenmaßnahme siedelten die Venezianer Kolonisten auf der Insel an. Nach 1212 wurden viele Siedler von Venedig aus entsandt. Die venezianische Regierung vergab viele Privilegien und große Landstücke, um so viele Siedler anzuziehen, wie sie für die Verstärkung der venezianischen

6. Der Heilige Johannes der Fremde oder Eremit. (Kirche Aï Kyr Giannis in Tsourouniana bei Kisamos).

7. Die Kirche Agios Georgios, Katholikon eines alten Klosters (Falandra) in Phaistos. Die Erstgründung des Klosters geht auf den Heiligen Johannes den Fremden zurück.

8. Die Kirche Agios Pavlos in Agia Roumeli in Sfakia.

9. Wandmalerei aus dem Kloster Myriokefala bei Rethymno.

Präsenz der neuen Besatzungsmacht war sehr ausgeprägt und intensivierte sich mit der Zeit durch die Anlage von Festungen und die Aufstellung kampfbereiter Truppen.

Wie schon weiter oben erwähnt, sahen sich die Kreter weiterhin als Byzantiner an und hatten ihre Blicke nach Konstantinopel gerichtet. Dies belegen die zahlreichen Aufstände der Unterdrückten, welche die Insel in den ersten beiden Jahrhundert der Venezianerherrschaft erschütterten, sowie kulturelle Zeugnisse. Die Aufstände, die Kreta in einen Dauerkriegsschauplatz verwandelten, begannen sofort nach 1211 und wurden von den Byzantinern unterstützt. 1228 schickten sie Hilftruppen, was jedoch nicht ausreichte, um die Situation auf der Insel zu ändern. 1262 stifteten sie die Kreter zum Aufstand an, ohne jedoch die versprochene Militärhilfe zu schicken. Die größten Unruhen begannen 1272 und setzten sich bis in die Mitte des folgenden Jahrhunderts fort. Auch in den nächsten Jahrhunderten kam es zu Revolten. 1453 wurde das byzantinische Reich endgültig von den Türken besiegt. Und Kreta wurde von Flüchtlingen überschwemmt, die auf dieser Insel den Anschluß an die byzantinischen und griechische Kultur suchten. Sofort nach dem Fall Konstantinopel setzten Bemühungen zur Wiedererrichtung des byzantinischen Staates mit Kreta als Zentrum ein. So kam es 1453 zur 'Verschwörung des Sifis Vlastos', doch verhinderte die venezianische Besatzung ein Umsichgreifen der Aufstandsbewegung. Zur letzten bekannten Revolte der Kreter kam es im Jahr 1527.

Die künstlerische Produktion dieser Periode war bemerkenswert. Ihre rasche Entwicklung setzte sich auch in den folgenden Jahrhunderten fort. Die Wandmalereien des 13.Jhs. besitzen die Hauptmerkmale der Kunst der späten Komnenenzeit. Die Künstler orientieren sich also weiterhin an den byzantinischen Vorbildern und haben keine Möglichkeit, den neueren Kunstrichtungen zu folgen. Nur 20 ausgemalte Kirchen haben sich aus dem 13.Jh. erhalten; das ist eine relativ kleine Zahl, wenn man bedenkt, daß sich die Zahl der entsprechenden Kirchen aus dem 14.Jh. auf 100 beläuft und es auf Kreta insgesamt 850 mit Wandmalereien dekorierte Kirchen gibt. Doch handelt es sich hierbei nicht um absolute Zahlen. Viele Kirchen wurden Opfer der jeweiligen Umstände und der abenteuerlichen Geschichte Kretas. In vielen Fällen sind zwischen den Ruinen noch Fragmente des Wandmalschmucks zu erkennen (Kirche Treis Ierarches in Astrousia, Kloster Kyriakou in Anatoli bei Ierapetra u.a.).

NAMEN BYZANTINISCHER KAISER AUF INSCHRIFTEN

Kulturell belegen läßt sich das enge Band der Kreter zu Byzanz durch die Inschriften, die sich in vielen Kirchen und Klöstern erhalten haben. Die kretischen Stifter der Kirchen und Klöster betrachteten sich als Untertanen der byzantinischen Kaiser, obwohl die venezianische Präsenz auf der Insel sehr ausgeprägt war und die orthodoxen Kreter in ihrer Religionsausübung stark eingeschränkt waren. Auf den Wandmalereien ist oft das Jahr vermerkt, in dem sie geschaffen wurden. Und nicht selten auch die Namen der byzantinischen Kaiser, die zur Zeit der Ausmalung der Kirchen regierten. Solche Inschriften haben sich an den folgenden Orten erhalten (chronologisch):

1) Im Dorf Agios Vasilios (Pediada). In der Kirche Agios Ioannis, die unweit des historisch bedeutsamen Klosters Spiliotissa liegt, gibt es eine Inschrift, die besagt, daß die Kirche "unter Andronikos Palaiologos" im Jahr 1291 ausgemalt wurde.

2) In der schönen Kirche Agios Pavlos im Dorf Agios Ioannis (in der Mesara bei Phaistos) steht geschrieben, daß die Kirche 1303-1304 "zur Zeit der Regentschaft unserer volksliebenden und christenliebenden Könige, des Herren Andronikos Palaiologos und der hochverehrten Augusta Irene und ihres Sohnes, des Herrn Michael" erneuert wurde.

3) In der Kirche Michaïl Archangelos ('Erzengel Michael') im Dorf Doraki bei Monofatsio wird angeführt, daß die Wandmalereien 1321 "unter der Herrschaft des Andronikos" entstanden.

4) Im Kloster Agios Ioannis nahe dem Kloster Koudoumas im Süden Zentralkretas findet sich eine Inschrift, die besagt, daß es im Jahr 1360 "zur Zeit, da wir regiert wurden von König Johannes und Helene aus dem Geschlecht der Palaiologen" erneuert wurde. Es handelt sich um Johannes des V. und Helene Kantakuzene. Diese Kirche ist eine Höhlenkirche, war Kloster und Einsiedelei und bestand bis ins 19.Jh.

5) In der Kirche der Theotokos im Dorf Papagiannado oder Papagiannades (Siteia) sind die Namen von Kaiser Johannes Palaiologos und "seines Sohnes Andronikos" erwähnt (1363).

6) In der Kirche der Panagia (Marienkirche) in Skouloufia bei Mylopotamos findet man den Namen von Manuel Palaiologos.

7) In Plemeniana bei Selino ist in der Kirche Agios Georgios der Namen von Manuel Palaiologos angeführt.

8) In einer Inschrift unbekannten Ursprungs im Historischen Museum von Kreta in Irakleio ist der Name des Kaisers Johannes Palaiologos erwähnt (1425-1428).

9) In der Kirche Agios Georgios in Exo Mouliana (Siteia) finden sich die Namen von Kaiser Johannes Palaiologos und seiner Mutter, der Nonne Hypomone (1426-1427).

10) In der Kirche Agios Georgios im Dorf Emparos in der Provinz Pediada ist in der Stifterinschrift Johannes Palaiologos (VIII.) als Kaiser der Rhomäer (der Griechen) angeführt (1436-1437).

11) Die letzte bekannte Inschrift mit dem Namen eines byzantinischen Kaisers stammt aus dem Jahr 1446. Zu jener Zeit war Johannes Palaiologos Kaiser in Konstantinopel.

KRETA IM JAHR 1453

Bis 1453 waren die Blicke der Kreter nach Konstantinopel gerichtet. Sie fühlten sich als Byzantiner, erkannten, wie bereits gesagt, die byzantinischen Kaiser als ihre Könige an und warteten auf den Tag, an dem Kreta wieder zu einem Thema (Provinz) des Reiches werden würde. Doch dieser Tag kam nicht. Im Gegenteil schufen die weltgeschichtlichen Ereignisse von 1453 eine große Leere. Im Jahr 1453 eroberten die Türken Konstantinopel, was zum Zusammenbruch eines mächtigen Staates führte, der länger als ein Jahrtausend in Europa und dem nahen Osten geherrscht hatte. Einige optimistische Kreter glaubten, daß eine Wiedergeburt des byzantinischen Reiches seinen Anfang von Kreta aus nehmen könnte, doch nahmen diese Überlegungen nie eine konkrete Form an, noch entwickelte sich daraus eine wirkliche Aufstandsbewegung.

Der Zusammenbruch des byzantinischen Staates ließ einerseits in den Kretern eine seelische Leere entstehen. Andererseits jedoch machte er die Insel zum Zentrum der griechischen Welt. Kreta übernahm, mit anderen Worten, die Führung der byzantinischen Welt und konnte sich zum kulturellen Zentrum des östlichen Mittelmeers entwickeln. Nach Chandax und vermutlich auch in andere kretische Städte kamen byzantinische Maler, die sich aus dem eroberten Konstantinopel geflüchtet hatten. Die neuen Kunstrichtungen, aber auch die große byzantinische Tradition fanden so eine neue Heimat auf einer Insel, die alle Bedingungen erfüllte, um Altes zu bewahren

10. Wandmalerei eines Evangelisten aus der Kirche Agios Pavlos bei Phaistos (Dorffriedhof von Agios Ioannis). In der Kirche hat sich die Stifterinschrift aus dem Jahr 1303-1304 mit dem Namen des byzantinischen Kaisers Andronikos Palaiologos erhalten.

11. Die Kirche Agios Ioannis in der Nähe des Klosters Spiliotissa. Ausgemalt wurde sie 1292 "unter Andronikos Palaiologos".

und Neues zu schaffen.

Formell gehörte Kreta zwar nach 1211 nicht mehr zum byzantinischen Staat, doch war Byzanz dort immer präsent und nach 1453 wurde Kreta, wenn auch nicht formell, so doch praktisch, zum Zentrum der byzantinischen Welt. Zu jener Zeit war Kreta wirtschaftlich sehr entwickelt, sein Handel blühte und die venezianische Minderheit war bereits assimiliert. Die Venezianer hatten zwar Kreta erobert, doch in kultureller Hinsicht hatten die Kreter die Venezianer 'erobert'. Die beiden nationalen und religiösen Gruppen leben miteinander auf der Insel, und nach dem 15.Jh. verstärken sich die kulturellen Kontakte zunehmend. Kreter studieren an italienischen Universitäten und die Kunstrichtungen des Westens werden langsam bekannt im 'Königreich von Kreta', wie die Venezianer ihre Besitzung nannten. Diese beiden verschiedenen Welten und die unterschiedlichen Kunstströmungen lassen auf der Insel eine eigentümliche Kunstproduktion entstehen. Die einheimischen Künstler machen sich mit der byzantinischen, aber auch mit der westlichen Kunst vertraut, da ihnen die Kontakte mit Venedig erlauben, die Entwicklungen im Westen zu verfolgen. Es ist sicher kein Zufall, daß ein kretischer Maler die beiden Kunstrichtungen so schöpferisch verband, daß er in Europa berühmt wurde. Die Rede ist von Dominikos Theotokopoulos (El Greco), der in Chandax geboren wurde und aufwuchs, dort die Malkunst erlernte und in jungem Alter nach Italien und später nach Spanien ging. Die Vertrautheit der kretischen Künstler mit der byzantinischen und westlichen Kunst zeigt sich auch in den Werken des bedeutenden kretischen Malers Michaïl Damaskinos, die sich im Bildersaal der erzbischöflichen Residenz Kreta in der Kirche Agia Aikaterini befinden.

Doch folgte die kretische Malerei nach der Mitte des 15.Jhs. auch anderen Wegen. Auf der Insel entstand eine besondere künstlerische Tradition, die als Schule betrachtet wurde. Die kretische nachbyzantinische Schule bestimmte die künstlerische Produktion bis zum Ende der Venezianerherrschaft und überlebte selbst die schwere Zeit der türkischen Eroberung, der Eroberung, die im Juni 1645 begann und erst 1669 endete, als sich Chandax nach langjähriger Belagerung ergeben mußte. Die Kunstwerkstätten von Chandax organisieren sich im 16.Jh.

12. Ansicht des Berges und des Klosters Sinai. Das einzige Werk von Dominikos Theotokopoulos (El Greco), das sich in der Stadt befindet, in der geboren wurde und aufwuchs (Irakleio, Historisches Museum Kreta).

13. Johannes der Täufer, Werk aus dem 16.Jh. Man hält es für ein Werk von Michaïl Damaskinos (Kirche des Heiligen Matthäus der Sinaiten, Irakleio).

14. Christus. Werk von Emmanuil Tzanes Bounialis (1675), Historisches Museum Kreta.

15. Die Kreuzabnahme. 17.Jh. Aus dem Kloster Savvathiana, Historisches Museum Kreta.

16. Der Heilige Johannes. Wandmalerei aus der Kirche Agios Georgios Meronas (13.Jh.). Sie wurde aus der Kirche entfernt und im Historischen Museum angebracht.

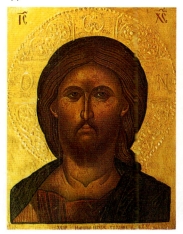

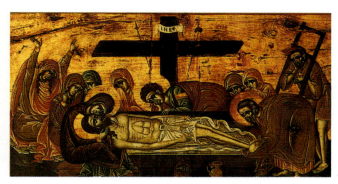

und beginnen, ihre Werke in die ganze orthodoxe Welt zu verkaufen. Ikonen der Kretischen Schule gibt es heute auf den Inseln der Ägäis, in Athen, in Makedonien, auf den Ionischen Inseln sowie in den Ländern des Balkans und in Rußland. Eine Anzahl dieser Ikonen hat sich auch in Venedig erhalten. Aber auch die Venezianer selbst zogen die asketischen Gestalten der byzantinischen Ikonen den realistischeren und weltlich verherrlichenden Darstellungen vor. Der Handel mit Kunstwerken stellte im 16. und 17.Jh. für Kreta eine wichtige Einnahmequelle dar. Byzanz, das 1453 untergegangen war, lebte in der Kunst fort...

DAS HISTORISCHE MUSEUM KRETA

Das Historische Museum Kreta in Irakleio ermöglicht ein besseres Kennenlernen der kretischen Kultur und Kunst von der Spätantike bis in die heutige Zeit. Besonders wichtig sind die Exponate aus byzantinischer und nachbyzantinischer Zeit, die die christliche Kunst und das Alltagsleben der Epoche beleuchten.

Das Historische Museum ist in dem Herrenhaus der großen kretischen Familie Kalokairinos untergebracht und befindet sich in der Nähe des Hafens der Stadt gegenüber dem Hotel Xenias. Gegründet wurde es aus dem Vermächtnis dieser wohlhabenden Familie und auf Initiative des ehemaligen Bürgermeisters von Irakleio und Mitglied der Familie Andreas Kalokairinos.

Im Untergeschoß des Gebäudes sind Inschriften und Skulpturen der byzantinischen und späterer Zeit ausgestellt. Sehr

17. Byzantinischer Schmuck. Historisches Museum Kreta.

bemerkenswert sind die Exponate aus der historischen Kirche des Heiligen Titus in Gortyna, der ersten Metropolitankirche der Insel, die bereits erwähnt wurde. Darunter befinden sich auch Teile des Templon (Ikonostase), der Sockel des Ambon, schöne Säulenkapitelle u.a.

Ebenfalls im Untergeschoß zu sehen ist ein Modell von Irakleio im 17.Jh. Eine Gruppe von Wissenschaftlern arbeitete viele Jahre an der Herstellung eines Modells von Chandax (dem heutigen Irakleio), wie es im Jahr 1669, dem Jahr der Eroberung der Stadt durch die Türken, aussah.

Im Erdgeschoß kann man wichtige Beispiele der Kirchenkunst bewundern, darunter auch das einzige Werk von Dominikos Theotokopoulos (El Greco), das sich in der Heimatstadt dieses großen Malers der Renaissance befindet. Es handelt sich um die Ansicht des Klosters und des Berges Sinai und ist in einem eigenen Saal am Ende des Korridors ausgestellt. Wie neuere Untersuchungen von Archivmaterial ergeben haben, wurde El Greco nicht nur in Irakleio geboren und wuchs dort auf, sondern studierte dort auch Malerei und war, bevor er sich entschloß, nach Westeuropa zu gehen, bereits ein bedeutender Künstler, der Ikonen in traditioneller kretischer Manier schuf.

Kurz vor dem El Greco-Saal sieht man ein kleines Kirchlein, das am Ende des Korridor errichtet wurde, um dort die Wandmalereien aus einer kleinen Kirche auszustellen, die in der Nähe von Kastelli in Pediada stand. Diese Kirche wurde während der deutschen Besatzung zerstört (1941-44) und der Archäologische Dienst sorgte für die Konservierung der Wandmalereien.

Im ersten Saal rechts des Museumseingangs sind einige bedeutende Ikonen ausgestellt, darunter Christus nach der Kreuzabnahme aus dem Kloster Savvathiana, Panagia Odegetria aus dem 17.Jh. u.a. Bedeutend sind die kirchlichen Holzschnitzereien aus dem Kloster Varsamonero, die im selben Saal aufbewahrt werden. Es handelt sich um einen holzgeschnitzten Bischofsthron und ein ebenfalls holzgeschnitztes Analogion, die sehr schön gearbeitet sind. Im selben Saal sind auch Teller mit byzantinischem Dekor ausgestellt, ein schöner dreiarmiger Altarkerzenhalter und andere liturgische Geräte.

Im sich anschließenden Saal sind liturgische Bücher, silberverkleidete Evangelien, Paramente, Bischofstäbe und liturgische Geräte aus dem aufgelösten Kloster Asomatoi bei Rethymno ausgestellt. Die Paramente sind typische Beispiele für die Kunst der Goldstickerei auf Kreta nach dem 17.Jh. Zu sehen sind dort ferner einige bemerkenswerte Ikonen aus dem aufgelösten Kloster Gkouverniotissa in der Nähe des Dorfes Potamies in Pediada. Diese Ikonen sind aus dem 16.-17.Jh. (Muttergottes mit dem Kind, die Lebensspendende Quelle, die Apostel Petrus und Paulus u.a.). Sehr schön sind auch die Ikonen aus der Panagia-Kirche (Gorgoepikoos) in der Nähe von Kali Limenes Daneben gibt es ein Metallkreuz aus dem heute unbewohnten Kloster Agios Ioannis Theologos in der Nähe von Kritsa /Merampello. Interessant ist die Sammlung byzantinischer Kaisermünzen, die in zwei eigenen Vitrinen ausgestellt ist. Daneben sind dort auch einige Münzen der sarazenischen Emire zu sehen, in deren Hand sich Kreta von 828 bis 961 befand. In einer eigenen Vitrine des Saal sind die Funde aus dem untergegangenen französischen Schiff "La Thereze" ausgestellt, das 1667 französische Soldaten in das von den Türken belagerte Irakleio brachte. Das Schiff sank kurz vor der kretischen Küste.

Im Saal rechts des Museumseingangs sind Zeugnisse der kretischen Befreiungskämpfe gegen die Türken ausgestellt, darunter Fahnen der Aufständischen, Urkunden, Bildnisse kretischer Helden u.a.

Im nach hinten gelegenen Westteil des Erdgeschosses gibt es weitere bemerkenswerte Exponate, darunter die Altarnische, zu der die Wand des Museums gestaltet wurde und in der die Wandmalereien aus der Altarnische der Kirche Agios Georgios Meronas in Amari ausgestellt sind. Diese Kirche war in der Zeit der Türkenherrschaft zerstört worden und die Archäologen beschlossen, die erhaltenen Wandmalereien ins Museum zu bringen, um sie vor weiterem Verfall zu schützen. Auf den Fotografien neben der Nische kann man die verschiedenen Phasen dieser äußerst diffizilen Arbeit verfolgen, bei der kleine Teile der Farbschicht abgenommen und am neuen Ort wieder angebracht werden.

Der Saal, der sich rechts am Ende desselben Gangs befindet (neben der Nische mit den Wandmalereien), beherbergt Kopien bedeutender Wandmalereien aus kretischen Kirchen.

Im Obergeschoß des Museum sind Beipiele der kretischen Volkskunst zu sehen, Stickereien, Schmuck, Webarbeiten u.a., sowie ein Raum, der zu einem typischer kretischen Wohnraum gestaltet ist. Im selben Geschoß befinden sich auch die Säle Tsouderos und Kazantzakis. Emmanouil Tsouderos war ein bedeutender kretischer Politiker und Nikos Kazantzakis der bekannte und bedeutende Schriftsteller, der in Irakleio geboren wurde und aufwuchs. Im Kazantzakis-Saal kann man seinen Schreibtisch, seine Bibliothek und viele seiner persönlichen Gegenstände sehen.

18

19

20

Byzantinische Münzen. 18: von Kaiser Michael I. (811-813). 19: von Kaiser Roman III. Argyros (1028-1043). 20: von Johannes II. Komnenos (1128-1143). Historisches Museum Kreta.

21. Byzantinischer Schmuck. Historisches Museum Kreta.
22, 23, 24. Details von Werken des Malers Michaïl Damaskinos. Museum Agia Aikaterini, Irakleio.

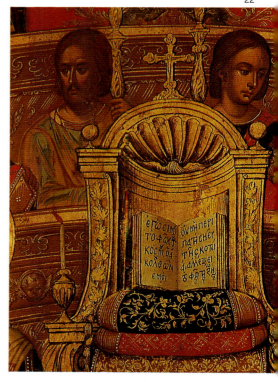

IKONENSAMMLUNG IN DER KIRCHE AGIA AIKATERINI

Im Zentrum von Irakleio befindet sich unterhalb der Metropolitankirche Agios Minas die alte Kirche Agia Aikaterini. Zur Venezianerzeit war sie das Katholikon des gleichnamigen Klosters, das eine Dependance des großen Katherinenklosters auf Siani war. Dieses Kloster besaß viele Dependancen und Güter auf Kreta, von denen es heute nur noch die Dependance Agios Matthaios unterhält (in der Odos Markopoulou).

Bis zur Eroberung Kretas durch die Türken (1669) war Agia Aikaterini eine der bedeutendsten kirchlichen Gründungen auf der Insel. Das Kloster hatte mehr als 50 Mönche, besaß große Ländereien in der Umgebung der Stadt und leistete einen wichtigen Beitrag zur Bildung der orthodoxen Kreter. Nach der Eroberung wurde die Kirche, wie auch die übrigen Kirchen der Stadt, von den Türken in eine Moschee umgewandelt. Nach der Befreiung Kretas wurde sie wieder der orthodoxen Bevölkerung übergeben und vom Erzbischof von Kreta in einen kirchlichen Ausstellungssaal für Zimelien und Ikonen umgewandelt. Das Ergebnis dieser Maßnahme war erstaunlich, denn es sammelten sich dort Dutzende byzantinischer und nachbyzantinischer Ikonen, liturgische Geräte und Zimelien, darunter auch das bekannte Vierevangelium aus dem Kloster Apanosifi, andere kirchliche Bücher, Paramente, der holzgeschnitzte Bischofsthron aus dem Kloster Kera u.a.

Unter den in der Kirche Agia Aikaterini ausgestellten Ikonen sind auch die Ikonen von Michaïl Damaskinos, die sich bis 1800 im Kloster Vrontisi befanden (Letztes Abendmahl, Anbetung der Drei Könige, Maria im Rosenhag, Himmlische Liturgie, Noli me tangere, 1. Ökumenisches Konzil). Damaskinos war einer der bedeutendsten kretischen Maler der Renaissance. Er arbeitete im 16.Jh. in Chandax (dem heutigen Irakleio) und in Italien und war sowohl mit der Kunst des Westens wie des

Ostens vertraut. Seine eigentümliche und ausdrucksstarke Malerei stellt eine Verschmelzung beider Kunstrichtungen dar, denn es gelang ihm, die byzantinische Strenge mit den damals in der westlichen Kunst vorherrschenden Elementen zu verbinden. Bei einem Besuch der Sammlung wird deutlich, wie groß sein Einfluß auf die späteren Maler war. Die Ikone "Himmlische Liturgie" des Jahres 1704, die aus dem Kloster Anopoli stammt und sich in der Kirche Agia Aikaterini befindet, ist eine Kopie der Ikone von Damaskinos. Andere wichtige Ikonen der Sammlung sind:

Die Deesis des Malers Angelos (Anfang, 15.Jh.) aus dem Kloster Odigitria.

Der Heilige Phanurios und das Wunder des Heiligen Phanurios (15.Jh.) aus dem Kloster Odigitria.

Christus Pantokrator, 15.Jh.; andere Christus-Ikonen (16. und 17.Jh.); die asketische Figur des Heiligen Onuphrios (mit wadenlagem Bart), 16.Jh.; Allerheiligen, Ikone aus dem 17.Jh.; die Enthauptung Johannes des Täufers, 18.Jh.; der Heilige Georg mit Szenen aus seinem Leben, 1760; die Jessewurzel, 1703; das Jüngste Gericht, 17.Jh.; Geburt Johannes des Täufers, 1670; der Heilige Johannes der Theologe, 18.Jh.; der Heilige Gregorios Dialogos und andere. Unter den Ikonen sind Tafeln mit dem Jahr oder Jahrhundert, in dem sie geschaffen wurden, und dem Kloster oder der Kirche ihrer Herkunft angebracht.

HEUTIGE KIRCHEN. Die prächtige Kirche Agios Minas (Metropolitankirche) wurde Ende des 19.Jhs. erbaut (1862-1895). Ausgemalt wurde sie erst in den letzten Jahren, doch ist sie interessant, denn die Ikonen zeugen vom Überleben der byzantinischen Kunst im modernen Griechenland. Neben der großen Kirche steht eine kleinere, die demselben Heiligen geweiht ist. Es handelt sich um eine alte Kirche, die während der Türkenzeit nicht genutzt wurde und erst 1735 mit Erlaubnis der türkischen Behörden zur Metropolitankirche von Kastro wurde. Die alten Ikonen von Kastrofylakas (18.Jh.), die in der Kirche aufbewahrt werden, sind von besonderem Interesse.

Sehr bemerkenswert ist auch die Kirche Agios Titos in Irakleio (Odos 25. Avgoustou). An ihrer Stelle stand früher die erste Metropolitankirche der Stadt. Zur Zeit der Venezianerherrschaft besaß sie bedeutende

25

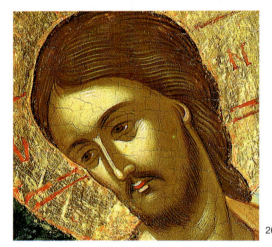
26

27

kirchliche Zimelien, darunter auch die Ikone der Heiligen Jungfrau, die nach der Eroberung nach Venedig gebracht wurde. In der Kirche wurde das Haupt des Heiligen Titus, des Gefährten des Apostels Paulus, aufbewahrt. Die Türken wandelten die Kirche in eine Moschee um. 1856 wurde sie durch ein Erdbeben, das in dem Jahr die Insel erschütterte, stark beschädigt. Binnen weniger Jahr wurde sich wieder aufgebaut, als Moschee diesmal. Nach der Befreiung Kretas wurde sie wieder eine orthodoxe Kirche. Ihre Architektur erinnert aber auch heute noch an die Gestalt muslimischer Gotteshäuser. Interessant ist der Malschmuck der Kirche, der in den letzten Jahren von dem Maler Dimitrios Sarikdakis geschaffen wurde, der auch die Ikonen des Templon malte. Seine Werke sind ein bemerkenswertes Zeugnis für das Fortleben der byzantinischen Sakralkunst auf Kreta, ausgedrückt durch den Pinsel eines modernen Künstlers.

BYZANTINISCHE DENKMÄLER IN ARCHANES

Archanes ist ein hübsches Landstädtchen, das 15km von Irakleio entfernt liegt und von großem Interesse ist für jeden, der die Entwicklung einer kretischen Stadt durch die Jahrhunderte verfolgen möchte. In minoischer Zeit war Archanes ein bedeutendes Palastzentrum und auch seine byzantinischen Monumente sind sehr bemerkenswert. Auf dem Gipfel des Giouchtas (auf dem der antiken Überlieferung zufolge Zeus begraben wurde), steht die Kirche Christos Sotiras (Verklärung Christi), die den 6.August feiert. An diesem Tag segnet der Priester die neuen Trauben, die der Kirche geweiht werden, genau wie die alten Kreter ihren Göttern die ersten und besten Früchte der Erde opferten. Es ist ein uralter griechischer Brauch, der in vielen griechischen Gebieten und fast auf ganz Kreta noch lebendig ist. Die vierschiffige Christuskirche war das Katholikon eines alten Klosters, das in der Mitte des 17.Jhs. aufgelöst wurde, als die Türken Irakleio belagerten. An der Nordseite des Giouchtas-Berges haben sich die Ruinen weiterer Klöster erhalten, die von den türkischen Eroberern zerstört wurden. Eines dieser Klöster ist Agios Georgios, das zu einem Viehstall umfunktioniert und nie wieder ein Kloster wurde! Seine Ruinen stehen in der Nähe des Dorfes Agios Vlasis und sind unter dem Namen "Metochi Tramalidis" bekannt. Ebenfalls

25. Michaïl Damaskinos, Die Anbetung der Heiligen Drei Könige. (Detail).

26,27. Michaïl Damaskinos, Noli me tangere. (Detail).

28. Einer der Heiligen Drei Könige. Detail von der "Anbetung". Man nimmt an, daß es sich um ein Seblstbildnis des Malers handelt. (Es war üblich, daß die Maler in den Bildern auch sich selbst darstellten; zu erkennen sind sie daran, daß es die einzigen Figuren sind, die den Betrachter direkt anblicken).

an der Nordseite des Giouchtas befinden sich die Ruinen eines weiteren kirchlichen Denkmals. Es sind die "kellia ton kalogradon" ('Zellen der Mönche'), ein architektonisch eindrucksvolles Gebäude, das sich an den Fels anlehnt, heute aber verlassen ist. Um es zu besichtigen, muß man vom Giouchtas aus 20min zu Fuß gehen, doch sollte man sich von einem Einheimischen führen lassen.

In der Nähe von Archanes hat sich die Kirche Asomatoi mit ihrem schönen Wandmalschmuck erhalten. Sie steht inmitten hoher Bäume und neben einer Quelle mit klarem, kühlem Wasser. Laut der Inschrift an der Südseite der Kirche wurde sie 1315 ausgemalt. Besonders beachtenswert sind der Christus Pantokrator sowie die Darstellungen mit der Verkündigung Mariä, dem Opfer Abrahams, Christi Himmelfahrt, der Kreuzigung, dem Jüngsten Gericht, der Beweinung Christi, der Mauern von Jericho u.a.

Ein weiteres bedeutendes Denkmal in Archanes ist die Marienkathedrale (tis Panagias), nicht jedoch sosehr aufgrund ihrer Architektur oder ihres Alters, als vielmehr wegen der Ikonen, die dort aufbewahrt werden. Der Priester von Archanes hat dort einen wahren Schatz nachbyzantinischer Ikonen angesammelt, von denen zwanzig aus 16. und 17.Jh. sind. Die "Anbetung der Drei Könige", Werk eines unbekannten kretischen Künstlers, zeigt den Einfluß Michaïl Damaskinos' auf die späteren Maler, sowie die entscheidende Rolle, die er für die Entwicklung der nachbyzantinischen Sakralkunst auf der Insel spielte. Die Ikonen sind numeriert: die Nummern 1-19 sind die ältesten Ikonen (16.-17.Jh.), die Ikonen 20-41 stammen aus dem 18. und die Ikonen 31-46 aus dem 19.Jh., abgesehen von der Ikone Nr. 40, die eine Inschrift mit der Jahreszahl 1707 trägt.

In der Stadt Archanes gibt es auch noch andere Kirchen mit Wandmalereien, so die Kirche Agia Triada (14.Jh.) mit reichem Wandmalschmuck und die Kirche Agia Paraskevi (14.Jh.). Die Schlüssel befinden sich beim Priester von Archanes.

DIE KLÖSTER

Die Zeugnisse über die ersten Klöster auf Kreta verlieren sich im Dunkel der Geschichte. Die Lage der Insel im östlichen Mittelmeer und am Kreuzweg der Seewege des Gebiets brachte die Bewohnern in Kontakt mit den religiösen Zentren des Orients und Ägyptens. Die Seewege

29

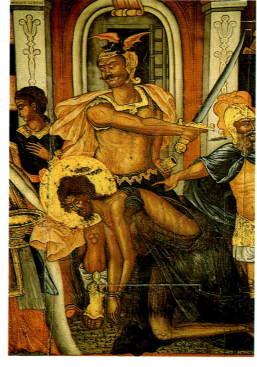

30

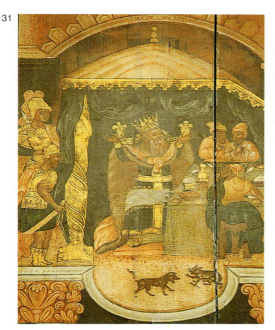

29. Der Glockenturm der Kirche Panagia in Archanes. In der Kirche werden viele beachtenswerte kretische Ikonen aufbewahrt.

30. Die Enthauptung Johannes' des Täufers (Detail). Kirche Panagia in Archanes.

31. Detail einer Ikone. Kirche Panagia in Archanes.

32. Höllenstrafen. Wandmalerei aus der Kirche Asomatos in Archanes. Alle Strafen.

33. Die Mauern von Jericho. Schöne Wandmalerei aus der Kirche Asomatos in Archanes.

34. Die Kirche Asomatos, an landschaftlich sehr schöner Stelle in der Nähe von Archanes. Als Stifter der Kirche ist in der Inschrift der südlichen Außenwand Michalis Patsidiotis erwähnt (1315).

jener Zeit verbanden Rom, die mächtige Hauptstadt des römischen Imperiums, mit seinen Besitzungen im Vorderen Orient. Das Christentum war zwar bereits auf der Insel bekannt, doch dürfte seine Ausbreitung in großem Maße auf diese Seewege zurückzuführen sein. Die Ankunft des Apostels Paulus auf Kreta war ein Ereignis, welches das religiöse Leben beeinflußte und ist auch heute noch in den Volkssagen lebendig. Es muß als sicher angesehen werden, daß auf demselben Wege auch das Mönchtum von den großen monastischen Zentren in Ägypten aus nach Kreta gelangte.

Klöster gibt es auf Kreta seit der 1. byzantinischen Zeit (bis 824). Es ist nicht bekannt, ob das Mönchtum die schwere Zeit der Araberherrschaft (824/828-961) überlebte, doch fand es nach der Befreiung Kretas und seiner Eingliederung in die Welt von Byzanz ein schnelle Verbreitung. In jenen ersten Jahren der 2. Byzantinerherrschaft wurden viele Klöster gegründet, von denen einige bis heute bestehen.

Die Eroberung Kretas durch die Venezianer schuf neue Probleme in der Religionsausübung. Der Papst war der Ansicht, daß er in einer venezianischen Provinz das Recht der Einflußnahme habe. Seine Anhänger glaubten, die Kreter beeinflussen und vom orthodoxen Glauben abkehren zu können. Die Insel wurde zu einem Schauplatz von Religionskämpfen, und der Papst, der die Unterstützung durch die venezianischen Besatzer besaß, dehnte seine Unternehmungen über die ganze Insel aus. Sein wichtigstes Mittel war der Beschluß des offiziellen Staates, den Würdenträgern der orthodoxen Kirche den Aufenthalt auf der Insel zu verbieten, da eine führungslose Kirche leichter zu unterwerfen war. Binnen weniger Jahre besetzten die päpstliche Kirche und der lateinische Erzbischof von Kreta alle großen Klöster der Insel, die bis 1204 unter dem direkten Schutz des byzantinischen Kaisers gestanden hatten. Die orthodoxe Kirche reagierte schnell und wirkungsvoll. Das ökumenische Patriarchat in Konstantinopel, das trotz der Eroberung durch die Türken weiter im Amt war, entsandte Geistliche auf die Insel, um das nationale und religiöse Bewußtsein der Unterdrückten zu stärken. Charkateristisch ist das Beispiel Iosif Vryenios', der viele Jahre in dem heute aufgegebenen Kloster Profitis Ilias im Dorf Smari lebte. Oft wurden die aus Konstantinopel gesandten Geistlichen von den Venezianern festgenomen und eingesperrt. Dies förderte die Entwicklung der Klöster, die in unwegsamen Gebieten lagen. Dorthin flüchteten sich viele gelehrte Mönche, die sich energisch den Plänen der päpstlichen Kirche widersetzten. Diese Mönche spielten eine wichtige Rolle nicht nur für die Religion, sondern auch für die Nation. Im Süden der Insel unweit des höchsten Berges des Gebiets, des Kofinas, ließ sich Mitte des 14.Jhs. Iosif Filagres nieder, ein gebildeter Geistlicher, der theologische Argumente für die Unterstützung der orthodoxen Kirche entwickelte. Er wies die Auffassungen der Papstanhänger zurück und gründete in einem bescheidenen Kloster (Treis Ierarches) eine Schule, in der er Astronomie, Philosophie, Theologie u.a. lehrte. In der Nähe von Ierapetra lebte zur gleichen Zeit ein anderer gelehrter Geistlicher, Neilos Damilas, der ebenfalls gegen den Papst tätig war. Sein Kloster (Karkasa, unweit des Dorfes Anatoli bei Ierapetra) ist heute verlassen, doch ist die Kirche mit schönen Wandmalereien in gutem Zustand.

In jenen Jahren entstanden die ersten Klöster im Westen der Insel. Die verschiedenen Orden des Westens, Dominikaner, Franziskaner u.a., gründeten Klöster in den großen städtischen Zentren. So gibt es noch heute in Irakleio die Dominikanerkirche Agios Petros, die in der Nähe des Hafens liegt, in Rethymno die Kirche der Franziskaner, in Chania das Kloster Agios Nikolaos Splantzia u.a.

Auch im 15. und 16.Jahrhundert bestanden auf Kreta weiterhin viele Klöster. Vielen von ihnen waren kleinere Klöster angeschlossen, die eher Einsiedeleien waren. Die religiöse Unterdrückung der orthodoxen Gläubigen setzte sich fort. Zudem begannen die Piraten in jener Zeit mit ihren Überfällen auf die küstennahen Gebiete Kretas. Muslimische Piraten landeten an den Küsten und plünderten, was ihnen in die Hände fiel. Einige Dörfer und eine Anzahl von Klöstern, die an der Küste lagen, wurden aufgegeben. Die Informationen aus diesem Zeitraum sind nicht sehr zahlreich. Bekannt ist jedoch, daß viele Klöster weiterbestanden und die orthodoxe Kirche stützten.

Das 16.Jahrhundert war durch große Umwälzungen gekennzeichnet. Die Türken werden zunehmend mächtiger und bedrohen die venezianische "Durchlauchtigste Republik des Heiligen Markus". Die Venezianer erkennen dies sehr bald und bemühen sich, auf Kreta Voraussetzungen für eine bessere Verteidigung im Falle eines türkischen Angriffs zu schaffen. Sie bemühen sich um eine bessere Beziehung zu den orthodoxen Kretern, und aus diesem Grunde herrschte in den letzten Jahrzehnten des 16. und den ersten des 17.Jahrhunderts ein Klima relativer Religionsfreiheit auf der Insel. Die Venezianer, die bis zu diesem Zeitpunkt die Gründung neuer Klöster behindert hatten, beginnen nun, den Bau von Klöstern in abgelegenen Gebieten zu fördern. Allerdings unterstützen, auch mit finanziellen Mitteln, vor allem Klöster, die nicht nur religiösen, sondern auch Verteidigungszwecken dienen konnten. Es handelt sich um die großen Wehrklöster wie beispielsweise das Kloster Akrotiriani (Toplou) in Siteia.

Im selben Zeitraum werden Dutzende von Klöstern auf der ganzen Insel gegründet oder erneuert. Der venezianische Staat hatte Gesetze erlassen, durch welche die Mönche von ihren Pflichten gegenüber dem Staat befreit wurden, vor allem von der Verpflichtung der Bürger, als Ruderer auf den venezianischen Galeeren zu dienen. Diese Umstände förderten die Entwicklung des Mönchtums. Hunderte von Kretern wurden Mönche, um der Ruderfronde zu entgehen. Diese Menschen hatten nicht die Absicht, das strenge, opferreiche und entbehrungsvolle Leben eines wahren Mönchs zu führen. Sie gaben sich nur als Mönche aus, flüchteten sich manchmal in die Klöster und führten ansonsten das Leben eines normalen Bürgers. Sie hatten auf diese Weise einen Weg gefunden, Widerstand zu leisten und den Fronden, welche ihnen die venezianischen Herren aufzwangen, zu umgehen. Und weil diese Menschen oft nicht in schon bestehende Klöster aufgenommen wurden, behalfen sie sich, indem sie ihre eigenen Klöster gründeten oder alte wieder instand setzten und dort lebten. Die Tatsache, daß die orthodoxe Kriche auf Kreta keine leitenden Organe hatte, war einer der wichtigsten Gründe dafür, daß das orthodoxe Mönchwesen nicht organisiert werden konnte. Venedig versuchte, die Lage unter seine Kontrolle zu bringen und half bei der Organisation großer koinobitischer Klöster auf der Insel.

Das 17.Jahrhundert war eine Blütezeit für das Mönchtum auf Kreta. Es bestanden mehr als 1000 Klöster, in denen über 6000 Mönche lebten. Die meisten dieser Klöster waren sehr klein, hatten nur zwei oder drei Mönche und bestanden nur 'vorübergehend', d.h. so lange, wie die Voraussetzungen, die zu ihrer Gründung geführt hatten, existierten. Doch war dies nur eine Seite des kretischen Mönchtums. In den großen monastischen Zentren lebten einflußreiche Geistliche, die auf Kreta eine bedeutende monastische Tradition schufen. Viele von ihnen wurden hohe kirchliche Würdenträger, unter ihnen der bekannte ökumenische Patriarch von Konstantinopel Kyrillos Loukaris, der von den Türken ermordet wurde, Meletios Pigas (Patriarch von Alexandreia), Maximos Margounios (Bischof von Kythira), Gabriel Seviros (Erzbischof von Philadelphia) und viele andere.

Mitte des 17.Jhs. (Juni 1645) kommt es zu einem großen türkischen Angriff auf Kreta. Die Klöster leisten zähen Widerstand, unabhängig davon, daß die Türken im Rahmen ihrer üblichen Politik die Wiedereinführung der orthodoxen Bistümer auf der Insel versprechen, wie es dann auch nach dem türkischen Sieg geschah. Die Mönche kämpfen verzweifelt, verschanzen sich in ihren Klöstern oder bilden Kampftruppen. Die neuen Eroberer lassen weder die Klöster noch die Mönche ungestraft. Sie morden, plündern und zerstören. Die Klöster, die Widerstand geleistet haben, werden besetzt und den türkischen Soldaten überlassen. Im Zeitraum 1645-1669 wurden Dutzende von Klöstern zerstört und in einigen Gebieten auf der Insel sind ihre Ruinen noch heute zu sehen.

Die Türken erobern schließlich die Insel (das heutige Irakleio fiel 1669 nach 22 Jahren der Belagerung und harter Kämpfe). Den Klöstern werden hohe Steuern auferlegt und auch die täglichen Belästigungen und Peinigungen fehlen nicht. Diejenigen der kleinen Klöster, welche die hohen Steuern nicht aufbringen können und den türkischen Provokationen nicht gewachsen sind, werden aufgelöst oder zu Dependancen der größeren Klöster. Von den etwa 1000 Klöstern der Zeit vor 1645 die ersten Jahre der Türkenherrschaft überleben nicht mehr als 50 oder 60. Es sind jene, die nicht nur die hohe Steuerlast tragen, sondern auch einen einflußreichen Muslimen in ihre Dienste nehmen können, der, gegen fürstliches Entgelt, für ihren Schutz sorgt.

Die Konsolidierung der türkischen Herrschaft auf Kreta wandelte in tragischer Weise die

Lebensbedingungen der Menschen. Die griechische Kultur erlebte einen schnellen Niedergang und die Sitten und Bräuche des neuen Eroberers setzten sich in den großen Städten und den reichen Dörfern auf dem Land durch. Die prächtigen orthodoxen und katholischen Kirchen wurden in Moscheen umgewandelt. Viele wohlhabende Griechen und Venezianer traten zum Islam über, wurden Muslime, um ihre Privilegien und ihren Besitz nicht zu verlieren. Damals tauchte auch das seltsame Phänomen der Doppelreligion auf. Es waren viele, die sich als Muslime ausgaben, die Moscheen besuchten, offiziell ihren Pflichten als Anhänger des islamischen Glaubens nachgingen, in Wirklichkeit jedoch an die christliche Religion glaubten und in ihren Häusern Ikonen hatten. Dies waren die Kryptochristen, wie sie auf Kreta zur Zeit der Türkenherrschaft genannt wurden.

Die Rolle, welche die Klöster zu übernehmen hatten, wurde komplizierter. Schulen und Bildungsmöglichkeiten gab es nicht. Und die Rolle des Lehrers übernahmen jene Mönche, die lesen und schreiben konnten. In den Klöstern versammelten sich Gruppen von Schülern, die sich bemühten, Lesen und Schreiben mit Hilfe der liturgischen Bücher zu lernen. In vielen Klöstern auf Kreta gibt es noch heute alte Bücher, bei denen die Schüler auf Buchdeckel und Seitenränder das Alphabet und Auszüge aus den heiligen Texten zur Übung an den Rand geschrieben haben. Die Wirtschaft Kretas befindet sich zu jener Zeit in einer desolaten Lage. Das fruchtbarste Ackerland gehörte nun den Türken, denen es ohne weitere Schwierigkeiten möglich war, sich den beweglichen und unbeweglichen Besitz der kretischen Christen ohne jegliche Entschädigung anzueignen. Die Kreter zogen es vor, ihr Vermögen den Klöstern zu schenken, da der Besitz der Klöster und Kirchen vor den Eroberern sicher war. Die bereits wohlhabenden Klöster der Insel entwickelten sich so zu Wirtschaftsriesen. Das Kloster Toplou in Siteia, die Klöster Apanosifi, Agkarathos, Apezanes und Odigitria (Irakleio), die Klöster Arkadi und Preveli (Rethymno) sowie die Klöster Gouverneto, Agia Triada, Chrysopigi und Gonia (Chania) zählten zu den reichsten der Insel. Die Not der Bevölkerung war groß, und oft gab es nicht einmal Brot und Öl, obwohl Getreide und Olivenbäume auf Kreta sehr gut gedeihen. In vielen Fällen unterhielten die Klöster ganze Familien, die in armen und unfruchtbaren Gegenden wohnten.

Ein weiterer wichtiger Beitrag der Klöster betrifft die Griechen als Nation. Seit Beginn der Türkenherrschaft gewährten sie den 'Chaïnides', den kretischen Aufständischen, Unterschlupf. Das Wort 'chaïnis' ist türkischen Ursprungs und bedeutet 'Verräter, Ungläubiger'. Auf Kreta jedoch erhielt dieses Wort eine andere Bedeutung, es stand für den Widerstandskämpfer, den Revolutionär. Die Chaïnides waren Menschen, die in den Bergen lebten und gegen die Eroberer kämpften. Sie waren nicht in Gruppen organisiert und jeder Chaïnis kämpfte allein, zumeist übte er Rache und strafte die türkischen Machthaber, die die Bewohner seines Dorfes unterdrückten. In jenen Jahren waren die Kreter in jeglicher Hinsicht den Türken ausgeliefert. Die Türken raubten die Töchter der Kreter und schlossen sie in ihrem Harem ein. Auch konnten sie ohne Anlaß töten, wen sie wollten, ohne sich vor den, parteiischen, türkischen Gerichten oder andernorts dafür verantworten zu müssen. Die Chaïnides hatten es also übernommen, die Schutzlosen zu schützen. Manche von ihnen wurden 'Kalisperides' genannt, weil sie in den Häusern der Agas und der anderen türkischen Herren bei Anbruch der Nacht auftauchten und mit dem Gruß "kalispera" ('Guten Abend') die Waffe zogen. Es war unmöglich, sie zu fassen, denn sie waren nicht nur tüchtige und mutige Kämpfer, sondern kannten sich natürlich auch in den unwegsamen Bergen, in welchen sie sich versteckt hielten, sehr gut aus. Die Chaïnides waren die erste große Hoffnung der Unterdrückten. Und diese Chaïnides fanden Unterschlupf in den kretischen Klöstern. Die Mönche sahen es als ihre Pflicht an, jeden Bedürftigen aufzunehmen und umso mehr jene, die für die Freiheit Kretas kämpften. Auch in der Stunde des großen Aufstandes stellten die Klöster Mittel für den Kauf von Waffen bereit. Aufständische waren aber auch die Mönche selbst. Im Kloster Odigitria in der Mesara steht noch heute der Turm Xopateras, ein Turm aus dem Mittelalter, in welchem sich 1828 ein Mönch verbarrikadierte und allein gegen die regulären türkischen Truppen kämpfte. Nachdem er viele der Gegener niedergestreckt hatte, wurde er schließlich überwältigt, weil ihm die Munition ausgegangen war! Charakteristisch ist auch der Fall des Klosters Arkadi bei Rethymno. 1866 verschanzten sich dort Frauen und Kinder zusammen mit Aufständischen. Die Türken belagerten das Kloster und nahmen es unter Kanonenbeschuß. Als die Eingeschlossenen sahen, daß alle Hoffnung verloren war, beschlossen sie, das Munitionslager in die Luft zu sprengen. Hunderte von Menschen, Türken und Griechen, wurden unter den Steinen und Holzbalken begraben. Ganz Europa sprach über das Drama der unterdrückten Griechen. Berühmte Dichter und Schriftsteller, darunter Victor Hugo, schrieben bewegende Texte, um die internationale Diplomatie zu veranlassen, Schritte zu Befreiung Kretas zu unternehmen.

Die Kämpfe der Kreter und die dauernden Aufstände zwangen die Türken schließlich 1856, ein Abkommen zu unterzeichnen, welches den Griechen die freie Religionsausübung gestattete. In der Folge kam es zu einer Wiederbelebung des monastischen Lebens und des Klosterbaus auf der ganzen Insel. Zwischen 1860 und 1890 wurden ein Anzahl Klöster, die fast 200 Jahre lang verlassen gewesen waren, erneuert, und es wurden auch einige neue Klöster gegründet. In diesem Zeitraum entstanden die Klöster Kapsas, Agia Sofia und Faneromeni in Siteia, die Klöster Exakousti in Ierapetra, Vidiani in der Hochebene von Lasithi, Koudoumas an der Südküste der Präfektur Irakleio, Agioi Pateres in Chania und andere. Die meisten Stifter neuer oder Erneuerer älterer Klöster waren hohe geistliche Würdenträger. Einige von ihnen werden heute als Heilige verehrt, darunter die Seeligen Parthenios und Evmenios (Erneuerer des Klosters Koudoumas) und der Seelige Gerontogiannis des Klosters Kapsas.

Nach der Befreiung Kretas im Jahr 1898 und seiner Vereinigung mit Griechenland beschränkten sich die Klöster auf ihre religiösen Aufgaben. Viele Klöster, die noch bis ans Ende der Türkenzeit bestanden, sind heute verlassen. Doch bleiben sie heilige Stätten, an denen sich zumindest einmal im Jahr die Bewohner der Umgebung einfinden, um das Fest des Heiligen zu feiern, dem das Kloster geweiht ist. Heute bestehen auf Kreta 40 Klöster, doch leben dort jeweils nur sehr wenige Mönche. Eine Ausnahme bilden einige Nonnenklöster, die gedeihen und nach der Klosterordnung organisiert sind. Es handelt sich um die Klöster Chrysopigi (Chania), Paliani, Savvathiana, Kalyviani und Agia Erini Krousonas (Irakleio).

35. Der Heilige Onuphrios. 16.Jh. Museum Agia Aikaterini. Die Asketen und Eremiten leben noch heute nach den Traditionen der Insel. Und die Asketen der kretischen Überlieferung erinnern in Gestalt und Gewandung an den Heiligen Onuphrios.

MÖNCHTUM UND EINSIEDLERWESEN

Das Mönchtum ist eine Lebenseinstellung, deren Grundlage der Verzicht auf weltliche Dinge, Entbehrungen und das Gebet um die Erlösung der Seele sind. Aus diesem Grunde zogen es die Mönche vor, die besiedelten Gebiete zu verlassen und sich in entfernte und einsame Gegenden zurückzuziehen und dort entweder in einer Klostergenossenschaft oder als Asket zu leben. Eine solche Tendenz gab es schon vor der Entstehung des Christentums in verschiedenen östlichen Regligionen, und als erster Asket wird der Kreter Epimenides angesehen. In der christlichen Religion erhielt das Mönchtum eine andere Bedeutung. Es entstand als Gegenbewegung zum sittlichen Niedergang des römischen Reiches und dem ausschweifenden Leben der damaligen Gesellschaft. Später jedoch wurde es ein Lebensweise philosophischen Inhalts. Der Mönch war (und ist) verpflichtet, sein Leben ausschließlich Gott zu widmen. Zu einer Bewegung wurde das Mönchtum in Ägypten und dem Mittleren Osten, doch breitete es sich bald auch in anderen Mittelmeergebieten aus. Große monastische Zentren entstanden in Syrien, Kappadokien, auf dem Berg Sinai, an den Heiligen Stätten, auf dem Berg Athos, in Konstantinopel, auf Kreta und in anderen griechischen Gebieten. Das Einsiedlerwesen und Asketentum sind Formen des monastischen Lebens, die in der ersten Zeit der Ausbreitung des Christentums verbreitet sind. Sie verlangen Entsagung alles Weltlichen und Selbstverzicht. Ein Eremit nährt sich von Wurzeln und Beeren, lebt in einer Höhle und übt sich in der völligen Abkehr von weltlichen Genüssen und der Erreichung eines Zustandes klaren Gleichmuts.

Das Einsiedlertum erlebte auf Kreta eine große Blüte. Der erste bekannte kretische Eremit hieß Kosmas und lebte im 8.Jh. Heute wird er von der katholischen Kirche als Heiliger verehrten. In den Asteriousia-Bergen (im Süden Zentralkretas) gab es Einsiedler spätestens seit dem 14.Jh., und die letzten Eremiten verließen die Gegend erst Ende des 19.- Anfang des 20.Jhs. Andere Gebiete, in welchen seit alters her Einsiedler lebten, sind die Halbinsel Akrotiri bei Chania und die südlichen Strände der Präfektur Rethymno.

DAS LEBEN DER MÖNCHE

Das Leben eines byzantinischen Mönchs war nicht einfach. Er war verpflichtet, harte Arbeit mit Gottesdienst und Gebet zu verbinden. Und die orthodoxe Religion verlangte dauernde Anspannung und viele Stunden des Gebets. Das Leben des Mönchs spielte sich innerhalb der Klostermauern ab. Dort wohnte er, dort war der Ort des Gottesdienstes und des Gebets, und hier war auch seine letzte Ruhestätte auf dem Klosterfriedhof oder in Gräbern, die sich in der Kirche oder um sie herum befanden. In den letzten Jahrzehnten werden die Verstorbenen auf eigenen Friedhöfen außerhalb der Klostermauern begraben. In vielen alten Klöstern kann man noch heute die Gräber der Mönche in den Kirchen sehen. Diese Gewohnheit wurde um die letzte Jahrhundertwende aufgegeben und in vielen Klöstern wurde eigene Friedhöfe angelegt. In den großen Klöstern gab es eigene Friedhofskapellen, in welchen die Gebeine der verstorbenen Mönche aufbewahrt wurden.

Die vierundzwanzig Stunden des Tages teilen sich für einen orthodoxen Mönch in drei mal acht Stunden, die jeweils dem Gebet, der Arbeit sowie der Ruhe und dem Schlaf gewidmet sind. Gearbeitet wird auf dem Acker, mit dem Vieh oder auch im Kloster selbst. Auf diese Weise wird die Existenz der Mönche gesichert, aber auch das Bestehen des Klosters als selbstverwaltetes Ganzes. Das Gebet wird gemeinsam mit den anderen Mönchen oder allein verrichtet. Diese Einteilung des Tages macht das tägliche Leben noch schwieriger. In vielen Klöstern fängt auch heute noch der neue Tag um zwei oder drei Uhr nachts an, wenn in der Kirche der Orthros (Laudes) gesungen wird.

KOINOBITISCHE UND IDIORRHYTHMISCHE KLÖSTER

Im orthodoxen Osten gab es zwei verschiedene monastische Systeme: das koinobitische und das idiorrhythmische. Doch kann man selbst heute noch in einigen Klöstern Element beider Organisationsformen feststellen.

Koinobitisch sind jene (zumeist großen) Klöster, in denen alle Mönche zusammenleben, gemeinsam wirtschaften und essen. Diese Klöster werden von einem Abt verwaltet, der alle drei oder vier Jahre auf demokratische Weise von allen Mönchen gewählt wird. Dem Abt stehen Berater zur Seite, während es in früheren Zeiten die sogenannte Synaxis ton Geronton (Ältestenrat) gab. Diese Ältesten waren alte Mönche, die sich in der Askese und durch ihre hohe Tugend ausgezeichnet hatten. Die Berater und die Ältesten werden, bzw. wurden, auf dieselbe Weise gewählt wie auch der Abt. Das Wahlverfahren und die Art und

Weise der Verwaltung wurden durch Klosterverfassungen festgelegt, die man Typika nannte. Verfasser des Typikon eines Klosters war gewöhnlich der Stifter selbst. Die Typika orientierten sich an dem, was die Kirchenväter hinsichtlich der Askese und der Einhaltung der Regeln des mönchischen Lebens bestimmt hatten, doch wichen sie an verschiedenen Punkten davon ab, indem die jeweilig herrschenden Umständen, landschaftliche oder andere Besonderheiten berücksichtigten. Oft wurde der Abt jedoch nicht direkt von den Mönchen gewählt, sondern von der Synaxis ton Geronton. Und diese Wahl erinnerte sehr an byzantinische Prachtentfaltung, welche sich mit tiefer Andacht und der Anrufung göttlichen Beistandes verband. Die Ältesten schlossen sich in der Kirche ein und wählten dort in geheimer Wahl den neuen Abt. Das Glockengeläut, die Feierlichkeit und das Zeremoniell der Amtseinsetzung des neuen Abts schufen eine glanzvolle Atmosphäre.

In den koinobitischen Klöstern ist der Einzelne nur ein Teil des Ganzen. Pflichten und Aufgaben sind für alle gleich. Jeder Mönch ist verpflichtet, seine Arbeiten auf die ihm bestmögliche Weise zu erledigen. Einer bereitet das Essen, ein anderer ist mit der Sorge für die Klosterkirche betraut oder ist Pförtner am Haupttor des Klöster, wieder ein anderer beschäftigt sich mit dem Vieh, mit der Käseherstellung usw. Wie bereits gesagt, essen alle Mönche dasselbe Essen, das in dem gemeinsamen Refektorium, einem großen, meist rechteckigen Raum, aufgetragen wird. In vielen Klöstern ist der Verzehr von Fleisch verboten. Dort ißt man nur Gemüse und Hülsenfrüchte und in Fastenzeiten Fisch. Das Mittags- und das Abendmahl beginnen und enden immer mit einem Gebet. Während des Essens liest ein Mönch aus liturgischen oder anderen religiösen Schriften.

Die Mönche dürfen nur im Refektorium essen. Es ist ihnen verboten, in ihren Zellen Nahrungsmittel aufzubewahren und zu verzehren, da dies ein ernstes Vergehen darstellt und bestraft wird.

Die Einkünfte aus ihrer Arbeit gehören nicht den Mönchen, die selbst kein Geld zu Verfügung haben. Die Felder, auf denen sie arbeiten, sowie die Herden sind nicht Eigentum der Mönche, und das Geld aus dem Verkauf von Erzeugnissen des Klosters kommt in die Klosterkasse, aus welcher jedem Mitglied der Burderschaft ein kleiner Lohn gezahlt wird, über den frei verfügt werden kann. Aus der Klosterkasse werden auch die Kleidung der Mönche bezahlt sowie die Kosten für Arztbesuch, Krankenhausaufenthalt, Arzneimittel etc. bestritten. In vielen großen Klöstern gibt es Hospitäler, in denen als Krankenpfleger ausgebildete Mönche für die Kranken sorgen.

Koinobitische Klöster gibt es auch heute noch auf Kreta. Es sind die Klöster Chrysopigi (Chania), Agia Eirini (Rethymno) und Savvathiana (Irakleio), die alle drei Nonnenklöster sind.

In den idiorrhythmischen Klöstern regelt jeder Mönch seine Arbeit selbst. Das Kloster überläßt ihnen ein kleines Stück Ackerland, durch dessen Bebauung er seinen Lebensunterhalt bestreitet. Das gemeinsame Refektorium wird nur an den großen Feststagen genutzt (Ostern, Weihnachten, Fest des Heiligen, dem das Kloster geweiht ist, u.a.). An den übrigen Tagen verköstigt sich jeder Mönch selbst, wie er auch selbst für seine Kleidung aufkommen muß. Es muß allerdings gesagt werden, daß in den idiorrhythmischen Klöstern viele Elemente des koinobitischen Systems beibehalten wurden und noch werden.

Hinsichtlich der Verwaltung unterscheiden sich diese Klöster nicht wesentlich von den koinobitischen. Der Abt und seine Berater werden auch hier von den Mönchen gewählt.

Die Klöster waren zwar selbstverwaltet, unterstanden jedoch immer einer höheren geistlichen Obrigkeit. Für die meisten war der jeweilige Bischof zuständig, doch gab es auch viele Klöster, die direkt dem Ökumenischen Patriarchat in Konstantinopel unterstanden. Letztere wurden "aus der Quelle des Kreuzes stammend" genannt.

DIE KLOSTERARCHITEKTUR

Die Klosterarchitektur, wie sie sich im orthodoxen Osten herausgebildet hat, ist nicht sehr leicht verständlich zu machen, da sich in ihr kultische Elemente und technische Besonderheiten miteinander verbinden. Es soll hier eine allgemeine Beschreibung versucht werden, ohne die besonderen Details zu berücksichtigen. Die byzantinischen Klöster erinnern an kleine Städte oder Dörfer mit Selbstverwaltung und besonderen Regeln, welche das tägliche Leben und die Beziehungen zwischen den Mitgliedern der Klostergemeinschaft bestimmen. Das den Mönchen gemeinsame Ziel sind das Seelenheil und die Askese. Aus diesem Grund mußten sie ihr Leben den besonderen Anforderungen des Gebets und der Hingabe an Gott anpassen. Die meisten Klöster sind Wehrklöster. Diese Architektur setzte sich, mit regionalen Unterschieden und Besonderheiten, in der ganzen orthodoxen Welt durch. Auch auf Kreta folgen die meisten der älteren und größeren Klöster diesem Baustil. Sie erinnern an mittelalterliche Festungen, boten Schutz in unruhigen Zeiten und dienten der Verteidigung gegen Piratenüberfälle oder andere Angriffe.

Die Festung hat zumeist einen quadratischen oder rechtwinkligen Grundriß und in ihrer Mitte liegt die Kirche, die auch Katholikon genannt wird. Die Zellen der Mönche und die anderen Gebäude liegen am inneren Rand der Festung, um Platz zu sparen und aus Sicherheitsgründen. Die Außenwände der Zellen sind dicker und bilden die Befestigungsmauer des Klosters. Die so befestigten Klöster waren mit den Waffen der damaligen Zeit nicht einzunehmen. Weil Kreta den Piraten ausgesetzt war, die oft die Küstengebiete überfielen, waren die an der Küste oder in einsamen Gegenden gelegenen Klöster so gut wie möglich befestigt. Ein charakteristisches Beispiel ist das Kloster Akrotiriani (Toplou) in der Provinz Siteia, das in sehr gutem Zustand erhalten ist.

An der Westseite des Klosters befindet sich gewöhnlich der Pylonas und das Diabatikon. Das ist das Haupttor des Klosters, das jeden Morgen geöffnet und bei Sonnenuntergang wieder geschlossen wird. Durch diesen Eingang gelangen Pilger und Besucher in das Kloster. Den Dienst (diakonema) des Pförtners versieht der Mönch, der mit der Sorge für das Tor betraut ist. Es ist kein Zufall, daß das Haupttor an der Westseite liegt. Da auch die Hauptportale der Kirche in Westrichtung lagen, konnten die Pilger auf kurzem Wege in die Kirche gelangen, die auf den Ikonen dargestellten Heiligen verehren oder ihre Gebete verrichten und das Kloster wieder verlassen, ohne die klösterliche Gemeinschaft zu stören. Da es aber auch möglich war, daß die Besucher vor Sonnenaufgang am Kloster ankamen und die Pforte also noch geschlossen vorfanden, gab es vor dem Tor einen überwölbten Raum mit jeweils zwei gebauten Bänken an jeder Seite, damit die Pilger bei schlechtem Wetter dort warten konnten.

Außer dem Haupteingang gab es auch noch zwei oder drei kleinere Nebeneingänge. Diese benutzten die Mönche, um auf die Felder oder zu ihren täglichen Arbeiten zu gehen.

Die Klöster, die in einsamen Gegenden lagen, mußten eine noch größere Vorsorge für den Schutz der Mönche treffen. Dies wurde erreicht durch die Errichtung von Wehrtürmen, in welche sich die Mönche bei Angriffen flüchteten. Hinter dem schweren Tor des Turm waren sie relativ sicher. Für den Fall, daß die Angreifer das Haupttor sprengen und sich bis zum Wehrturm durchschlagen konnten, besaßen diese Türme direkt über dem Tor sogenannte Pechnasen, kleine, unten offene Erker, durch die man siedendes Öl oder flüssiges Blei auf die Angreifer schütten konnten, um sie zur Flucht zu zwingen. Einen solchen Wehrturm mit Pechnase kann man heute im Kloster Odigitria in der Mesara (Präfektur Irakleio) sehen.

Es gab besondere Regeln für die Haltung der klostereigenen Tiere. Diese Tiere lebten innerhalb des Klosterkomplexes in eigenen Ställen, doch durften sie nicht durch das Haupttor geführt werden, noch im Klosterhof umherlaufen. Darum gab es einen eigenen Eingang für die Tiere, der auch für die Fuhrwerke, die man für die Beförderung von Personen und landwirtschaftlichen Produkten besaß, benutzt wurde.

Die Zellen waren klein und eng und boten gerade Platz für einen Mönch. Gewöhnlich waren die Zellentüren schmal und niedrig, so daß man den Kopf einziehen mußte, um hineingehen zu können. Ein Zeichen der Unterwürfigkeit und der Demut... In dem quadratischen Gebäudekomplex lagen auch die gemeinsam genutzten Räume, das Refektorium, das Mageireion, wo gekocht, das Magkipeion, wo Brot gebacken wurde u.a. Einen besonderen

Platz nahm das Archontariki ein, von dem aus der Abt das Kloster leitete.

DIE KRETISCHEN KLÖSTER

Heute gibt es auf Kreta ungefähr 40 Klöster, in denen zumeist nur wenige Mönche leben. Es handelt sich dabei vor allem um die großen Klöster, deren Vermögen groß genug war, die schweren Zeiten zu überstehen und besonders die Türkenherrschaft, als die Steuerlast überaus hoch war. In früheren Zeiten gab es wesentlich mehr Klöster und im 17. Jh. waren es sogar mehr als 1000!

Dieses Buch enthält kurze Informationen zu Geschichte, Kult und anderem, die für den heutigen Besucher von Interesse sind. Vorgestellt werden die Klöster, die ältere Gründungen sind und eine historische Bedeutung besitzten, außerdem wird auf die Klöster hingewiesen, die zwar heute nicht mehr bewohnt sind, jedoch besucht werden können.

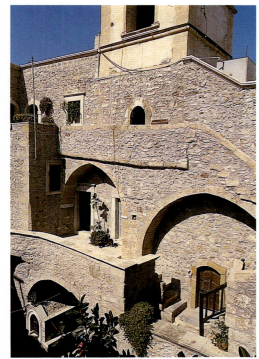

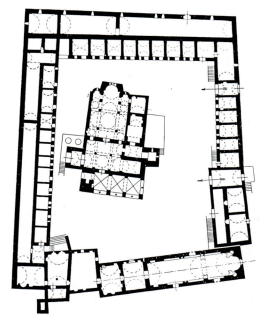

36. Wehrkloster auf Kreta (Kloster Toplou)
37. Grundriß eines Wehrklosters. (A. Orlandos. Klosterarchitektur, grch.)

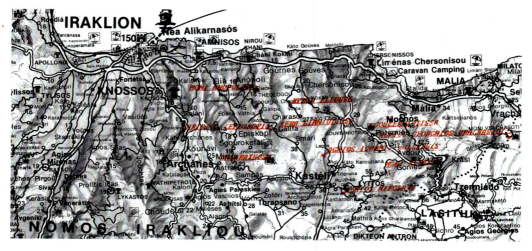

Route 1: Irakleio - Hochebene von Lasithi
KLOSTER AGKARATHOS
KLÖSTER KYRIA ELEOUSA, LIMNIOTISSA UND CHRISTOS IN EPISKOPI

Agkarathos liegt 23 km von Irakleio entfernt auf einer eher felsigen Anhöhe zwischen den Dörfern Sgourokefali und Sampas. Man fährt dorthin, indem man die Route Irakleio - Amnisos - Episkopi - Sgourokefali - Agkarathos nimmt oder aber der Hauptverkehrsverbindung der Provinz Pediada folgt, die von Irakleio nach Kastelli führt, und ein Stück nach dem Dorf Agies Paraskies nach links abbiegt.

Es handelt sich um ein sehr altes Kloster, das bereits im 15.Jh. bestand. Es ist nicht ausgeschlossen, daß es in der 2. byzantinischen Zeit gegründet wurde, was allerdings nicht durch Qullen belegt werden kann. Anfänglich war es ein kleines Kloster, das der großen kretischen Familie Kallergis gehörte, einer Familie, aus der viele Persönlichkeiten hervorgegangen sind, die sich im Kampf gegen die venezianischen Eroberer Kretas hervorgetan haben. Der erste bekannte Abt des Klosters war Niphon Notaras. Wie sich aus den Quellen schließen läßt, war es Niphon, der das bis dahin kleine Kloster reorgansierte und vergrößerte. Die Familie Kallergis stellt dem Kloster zahlreiche Liegenschaften zu Verfügung, die später durch Stiftungen der Gläubigen und Erwerbungen vermehrt wurden.

Das Kloster wuchs auch in den nächsten Jahren weiter. Ab Mitte des 16.Jhs. begannen Befestigungsarbeiten und es entwickelte sich zu einem Wehrkloster. Es besaß drei Eingänge, von denen der an der Südseite der Haupteingang war. Bis heute haben sich viele Teile der einstigen Festungsanlage erhalten, darunter die beiden Tore, die kuppelgedeckten Gebäude der alten Ställe u.a. Ende des 16.Jhs. war der Bau fertiggestellt und das Kloster beherrschte die weitere Umgebung, in der Dutzende kleinerer Klöster lagen, von denen die meisten zu Dependancen des Klosters Agkarathos wurden. In jener Zeit stammten die Äbte des Klosters aus Kythira, das nicht weit von Kreta entfernt ist. Der erste kretische Abt des Kloster hieß Maximos Loukaris und war der Bruder des großen Kirchenmannes und Ökumenischen Patriarchen Kyrillos Loukaris. Maximos übernahm die Leitung des Klosters 1619 in einer schweren Zeit mit vielen wirtschaftlichen Problemen. Er besaß jedoch Organisationstalent und führt eine Wende herbei. Eine Stifterinschrift mit seinem Namen ist noch heute im Kloster Agkarathos erhalten. Sie befindet sich linkerhand direkt hinter dem Haupteingang, durch den man den Klosterhof betritt.

1637 lebten 60 Mönche im Kloster, das aus seiner landwirtschaftlichen Produktion (Getreide, Wein, Öl, Oliven, Hülsenfrüchte und anderes Gemüse) große Einnahmen bezog und eines der reichsten auf Kreta war. Die Leitung des Maximos trug Früchte...

Die Lage des Klosters im Zentrum von Kreta schuf die Voraussetzungen dafür, daß es in der kretischen Orthodoxie eine wichtige Rolle übernehmen konnte. Aus diesem Grunde wurde als Nachfolger des Maximos eine bedeutende

Persönlichkeit der Kirche auf der von den Venezianern beherrschten Insel gewählt. Die Rede ist von Meletios Pantogalos, der bis dahin Abt des Klosters Akrotiriani (heute Toplou) in Siteia war. Es ist nicht bekannt, wie lange Meletios Abt von Agkarathos war, doch fiel seine Amtszeit in die Jahre vor dem türkischen Angriff auf Kreta.

Man ist heute der Ansicht, daß das Kloster Agkarathos während der Venezianerherrschaft ein wichtige Bildungsstätte war, an der junge Schüler, Geistliche und Laien, unterrichtet sowie Handschriften kopiert wurden. Mönche und Äbte des Kosters durchliefen alle Stufen der Kirchenhierarchie und wurden sogar Patriarchen (Kyrillos Loukarios, Meletios Pigas, Silvester der Kreter).

Die Türken griffen Kreta im Juni 1645 an. Im selben Jahr eroberten sie Chania und im folgenden Rethymno. Als sie bis ins Hinterland von Irakleio vorgedrungen waren, war Athanasios Christophoros Abt von Agkarathos, ein dynamischer Priestermönch, der nicht zögerte, die Waffen gegen die Angreifer zu erheben und eine Kampftruppe zu bilden, mit der er wutentbrannt gegen die Türken kämpfte. Seine Taten sind überliefert in dem Werk des Dichters und Historikers Marinos Tzanes Bounialis, der berichtet, daß Athanasios aus den Köpfen türkischer Soldaten eine Triumpfbogen errichtete, um den venezinaischen General Dolfin zu empfangen!

Kurz nach dem Widerstandskampf des Athanasios hatten die Türken ganz Kreta eingenommen, mit Ausnahme der Hauptstadt Chandax (des heutigen Irakleio), die sie belagerten. Dem kämpferischen Abt jedoch gelang die Flucht nach Italien und mit sich nahm er auch viele Zimelien, die nicht in die Hände der Osmanen fallen sollten. Zuflucht fand er in Venedig, wo er die restlichen Jahre seines Lebens verbrachte.

Der letzte Abt in der Zeit der Venezianerherrschaft hieß Meletios Kallonas und stammte aus Kythira. Es ist nicht genau bekannt, wann er die Nachfolge des Athanasios antrat, doch ist sicher, daß er zwar den Titel innehatte, doch nie seinen Amtsgeschäften nachgehen konnte. Sein, wenn auch nur kurzer, Aufenthalt in dem Kloster war sehr bedeutend, da es ihm gelang, die Ikonen, Bücher und Urkunden von Kreta in seine Heimat (Kythira) zu bringen. Diese Zimelien verblieben dort für einen

38. (S.35) Kloster Agkarathos. Über dem Protal sieht man die Inschrift mit dem Namen von Maximos Loukaris, dem Abt des Klosters und Bruder des märtyrerhaften Patriarchen Kyrillos Loukaris.
39. Kloster Agkarathos. Fenster des Refektoriums.
40. Figur eines Mönchs. (Kloster Agkarathos).
41. Relief. Spolie im Kloster Agkarathos.

Zeitraum von mehr als 300 Jahren. Darunter war auch die Ikone der Heiligen Jungfrau (Panagia), der die Bewohner von Kythira den Beinamen Orphane ('die Waise') gaben, womit sie ausdrücken wollten, daß die Ikone verwaist sei, weil das Kloster bereits in die Hände der Türken gefallen war. 1970 übergaben die Behörden von Kythira diese Zimelien, soweit sie erhalten waren, den Mönchen von Agkarathos. Darunter auch die Ikone der Panagia, die nun keine Waise mehr ist, da sich wieder in ihrem Kloster befindet, in dessen Kirche man sie heute bewundern kann.

Die Eroberung Kretas durch die Türken brachte dem Kloster viele Probleme. Es ist sicher, daß es zerstört und sein Besitz säkularisiert worden wäre, hätte nicht der erste Metropolit von Kreta Neofytos Patelaros eingegriffen. Die Türken zerstörten das Kloster nicht, verboten aber Ausbesserungsarbeiten. In jenen Jahren ließ sich der Metropolit Kretas Neofytos in Agkarathos nieder; er war nach langer Zeit der erste Metropolit auf der Insel, da die Venezianer alle orthodoxen Diözesen aufgelöst hatten. Es folgte eine schwere Zeit. Die von den Türken auferlegten Steuern waren sehr hoch und die Unterdrückung unerträglich. Doch lebten im Kloster weiterhin relativ viele Mönche, die sich fast ausschließlich mit der Landwirtschaft beschäftigten; nur wenige Mönche konnten sich bilden und Schreiben und Lesen lernen. Agkarathos erinnerte in jenen Jahren in keiner Weise mehr an das Kloster, in dem man Bildung und Kultur gepflegt hatte... Es scheint, daß das Kloster die revolutionären Bewegungen und die kretischen Freiheitskämpfer unterstützte.

Während des Befreiungskampfes von 1821 wurden die Mönche von den Türken getötet und die Gebäude in Brand gesteckt. Ein großer Teil des Klosters wurde zerstört und einige Jahre lang blieb es unbewohnt. Nach dem Ende des Befreiungskampfes ließen sich dort die Mönche nieder, die dem Blutbad entronnen waren. Die Mönche scheinen die Katastrophe von 1821 erwartet zu haben. Aus diesem Grunde versteckten sie Kandelaber und anderes Kirchengerät in einer Höhle. Doch der Mönch, der die Zimelien versteckt hatte, wurde von den Türken ermordet und niemand wußte, wo das Versteck lag. Erst 150 Jahre später wurde es durch Zufall von einem schafeweidenden Mönch des Klosters entdeckt!

In den letzten Jahrzehnten der Türken-

herrschaft begannen sich die Dinge in Agkarathos zu wandeln. Nach 1860 wurde eine Schule gegründet, die von Schülern der umliegenden Dörfer besucht wurde. Die Herrschaft der Türken hatte sich gelockert...

Die Kreter erhoben sich erneut 1866. Das Kloster Agkarathos wurde das Hauptquartier des bedeutenden kretischen Freiheitshelden Antonios Trifytsos, der in der Nähe des Klosters den türkischen Waffen zum Opfer fiel. Sein Glücksbringer, ein Anhänger mit Andachtsbild, sowie andere persönliche Gegenstände werden heute in Agkarathos aufbewahrt.

1894 wurde die Klosterkirche wiederaufgebaut. Die Türkenherrschaft endete 1898, und es begann eine neue Periode für Kreta und die kretischen Klöster. Agkarathos gehört zu den Klöstern, die bis heute bestehen. In den letzten Jahren, in denen das Mönchtum eine mehr intellektuelle Form angenommen hat, ist das Kloster Agkarathos zum Anziehungspunkt für viele junge, gebildete Mönche mit Hochschulabschluß geworden, die aus ihm erneut eine Stätte der Pflege von Bildung und Kultur gemacht haben.

Der Besucher des Klosters kann die

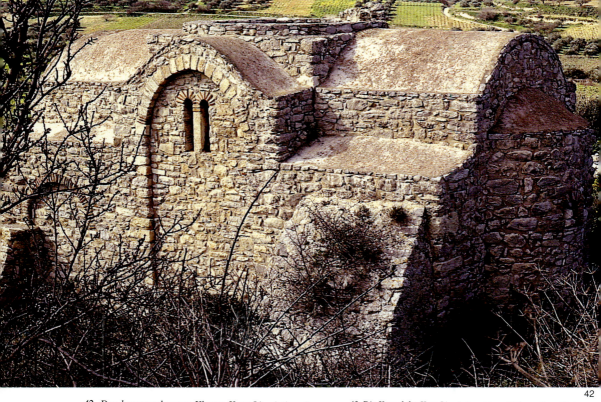

42. Das heute verlassene Kloster Kera Limniotissa in Episkopi.

43. Die Kuppel der Kera Limniotissa ist vor Hahren eingestürzt. Der pilgernde Besucher fühlt sich dem Himmel näher...

erhaltenen Teile des alten Klosters, die Kirche mit den neuen Wandmalereien, die kretische Heilige darstellen und den Granatapfelbaum von Agkarathos sehen. Es handelt sich um einen kleinen Baum, der vor der Kirche wächst und unter dem die Mönche immer ein ewiges Lämpchen brennen haben. Der Überlieferung nach wurde unter diesem Baum die Ikone der Heiligen Jungrau gefunden und aus diesem Grund das Kloster errichtet. Es wird erzählt, daß es zunächst nur ein Wildbusch war, den die Mönche mit einem Granatapfelreis veredelten, der dann - entgegen den Gesetzen der Natur - trieb. Seitdem wird der Baum als heiig angesehen. Es dürfte sich hierbei um die Fortsetzung des Baumkultes handeln, der in vorchristlicher Zeit auf Kreta verbreitet war.

DIE ANDEREN KLÖSTER

Im Gebiet von Agkarathos und den umliegenden Dörfern gab es seit dem Mittelalter viele kleine Klöster, die aber in den ersten Jahren der Türkenherrschaft aufgegeben wurden. Das Kloster Kera Limniotisssa ist ein charakteristisches Beispiel. Es liegt in der Nähe des Dorfes Episkopi, und es haben sich nur die Mauern der Kirche erhalten. Doch ist ein Besuch der kleinen Kreuzkuppelkirche lohnenswert, da sich dort Teile der Wandmalereien in zwei Schichten erhalten haben. Die Kuppel ist eingestürzt, wodurch in der Decke der Kirche eine runde Öffnung entstanden ist. Dies schafft eine besonders eindrucksvolle Atmosphäre, da das Dach die Wolken zu berühren scheint!

In der näheren Umgebung von Episkopi liegen auch die Ruinen anderer Klöster, darunter Agios Georgios, Christos und Agia Triada. Am interessantesten ist das alte Kloster Agios Georgios in der Nähe des Fußballplatzes. Es liegt auf einer von Pinien und anderen Bäumen bewachsenen Felsanhöhe und besonders im Frühling bietet es einen wunderhübschen Anblick. Die Kirche besitzt Wandmalereien und um sie herum sind die Überreste der Mönchszellen zu erkennen. Als das Kloster aufgelöst wurde, scheinen sich die Mönche nach Agkarathos geflüchtet zu haben, weshalb auch die Kirche und das umliegende Land bis vor kurzem zum Kloster Agkarathos gehörten. Das

Kloster wurde vermutlich in den ersten Jahren der Türkenherrschaft zerstört.

Außer den Überresten alter Klöster kann man in Episkopi einige Kirchen sehen, deren Wandmalereien als repräsentativ angesehen werden können für die Kunstströmungen, aus denen heraus sich die große Kretische Schule der Renaissance entwickelte. In dieser Hinsicht besonders bemerkenswert ist die Kirche Agia Paraskevi. Im Gewölbe gibt es Szenen aus dem Leben der Heiligen und in den Darstellungen des Jüngsten Gerichts, der Hölle und den Figuren der Soldaten in den Szenen des Martyriums der Heiligen Paraskeue sind die für die Zeit ungewöhnlichen westlichen Einflüsse deutlich zu erkennen.

Das Kloster Kyria Eleoussa befindet sich in der Nähe des Dorfes Voritsi (von der Straße Irakleio-Agios Nikolaos nimmt man etwa 20km hinter Irakleio die Abzweigung nach Gouves und gelangt nach weiteren 5km nach Voritsi). Auch dieses Kloster gehörte früher zum Kloster Agkarathos und ist heute unbewohnt. Es ist auf einem Hügel errichtet und beherrscht die Landschaft einer alten Festung gleich. Der Blick von dort auf das Meer ist herrlich.

Es handelt sich um ein altes Kloster, doch ist nicht bekannt, wann genau es gegründet wurde. Die heute erhaltenen festungsähnlichen Bauten stammen aus dem Ende des 16. und dem Beginn des 17.Jhs. Vor der türkischen Besetzung besaß es eine bekannte Ikone der Theotokos ('der Gottesgebärerin'), die während der Kriege mit den Türken auf die Ionischen Inseln gebracht wurde, wo sie sich noch heute befindet.

Die Klosteranlage bildet ein typisches Beispiel der Wehrklosterarchitektur, bei der alle Gebäude innerhalb der Klostermauer lagen (Zellen, Zisternen, Magazine, Ställe u.a.). An der Ostseite kann man noch die alten Schießscharten erkennen, durch welche auf angreifende Piraten geschossen wurde.

KLOSTER THEOLOGOS BEI ANOPOLI

Das Kloster Agios Ioannis Theologos liegt 17km östlich von Irakleio in der Nähe des Dorfes Anopoli (Abzweigung im Ort Kokkini Chani). Versteckt hinter einer kleinen bergigen Anhöhe, ist es vom Dorf Anopoli aus über einen 700m langen Feldweg zu erreichen.

Es ist ein altes Kloster, das bereits seit der Zeit der Venezianerherrschaft besteht. Der

43

Überlieferung zufolge wurde es von Mönchen aus an der Küste gelegenen Klöstern gegründet, die sich aufgrund der Piratenüberfälle an diesen natürlich befestigten Platz geflüchtet hatten. Sehr wahrscheinlich jedoch bestand das Kloster schon vorher, und im 17.Jh. ließen sich hier Mönche aus den umliegenden Klöstern nieder. Zum ersten Mal erwähnt ist das Kloster in türkischen Urkunden aus den letzten Jahren des 17.Jhs. In jenen Jahren begann der Aufstieg des Klosters und sein Vermögen vermehrte sich durch viele Stiftungen.

Nach der Eroberung Kretas durch die Türken nahmen viele Einwohner der umliegenden Dörfer den Glauben der Eroberer an und die Gegend wurde fast ganz muslimisch. Die Janitscharen, die sich dort niederließen, bereiteten dem Kloster oft große Probleme. Sie plünderten das Kloster und terrorisierten die Mönche. Und während des Befreiungskampfes von 1821 wurde das Kloster fast vollkommen zerstört. Die Türken brannten es nieder und verwüsteten es. Doch hatten die Mönche in einer Höhle die alten Ikonen und Zimelien versteckt, die so dem Raub entgingen. Auf diese Weise wurden hervorragende Ikonen gerettet, die sich

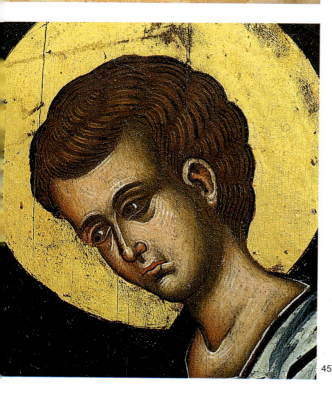

heute im Bildersaal der Kirche Agia Aikaterini in Irakleio befinden. Doch das Unglück der Mönche setzte sich auch nach 1821 fort. Während des Aufstandes von 1866 plünderten die Türken das Kloster und raubten alle Wertgegenstände. Nach dem Aufstand brachten sie diese zum Kloster zurück und forderten Geld dafür. Und so zahlte das Kloster für Sachen, die eigentlich ihm gehörten!

Das Kloster war eines der ersten, die in den Jahren der Türkenherrschaft Schulen gründeten. Die Schule dieses Klosters wurde um 1840 gegründet und war nach 1862 die wichtigste Bildungsstätte des Gebiets.

1896, zwei Jahre vor der Befreiung Kretas, kam es in dem Gebiet zu einer der schrecklichsten Greultaten der letzten Periode der Türkenherrschaft. Die Türken ermordeten 40 Einwohner der umliegenden Dörfer und darunter auch Mönche. Zeugnisse aus jenen Jahren belegen, daß die Mönche auf unmenschlichste Weise gefoltert wurden, einige wurden bei lebendigem Leib auf den Ikonen liegend verbrannt, andere wie Vieh abgeschlachtet! Das Kloster blieb danach für längere Zeit unbewohnt.

Nach der Befreiung Kretas (1898) wurde der Klosterbetrieb wieder aufgenommen und heute wohnen dort zwei Mönche.

KLOSTER KALLERGIS BEI KASTELLI

Dieses kleine Kloster liegt 4km von Kastelli entfernt. Man nimmt die Straße nach Westen und biegt nach dem Fußballplatz des Ortes rechts ab. Die Straße ist gut befahrbar. Kallergis wurde Ende des 19.Jhs. als Dependance des damals ebenfalls neuen Klosters Vidiani gegründet, das auf der Hochebene liegt. An der Stelle des Klosters Kallergis existierte ein älteres Kloster, das höchstwahrscheinlich in den letzten Jahren der Venezianerherrschaft blühte, wie auch andere kleine Klöster der Gegend, darunter die Klöster Agios Georgios Rovythiotis (1,5km von Kastelli, nahe dem Fußballplatz), Agios Georgios Atziparas (1,5km östlich von Kastelli, unweit des Dorfes Diavaïde) und Profitis Ilias bei Smari (2km östlich des Orts). In letzterem Kloster verbrachte Iosif Vryenios, Gesandter des Patriarchats von Konstantinopel, einige Zeit seines Aufenthaltes auf Kreta, als die Venezianer orthodoxen Bischöfen den Aufenthalt auf der Insel verboten hatten. Bei einem Besuch des alten Klosters Profitis Ilias sollte man das durch die Kirche fließende Wasser beachten, das als heilkräftig und gesegnet angesehen wird. Beachtenswert ist ferner die Kapelle, die etwa 100m von den Ruinen des Klosters entfernt liegt und in der sich hervorragende Wandmalereien erhalten haben, die bis heute nicht restauriert worden sind.

Belege für das Alter des Klosters, das an der Stelle des Klosters Kallergis bestand, gibt es nicht, abgesehen von den erhaltenen überwölbten Bauten aus der Venezianerzeit und dem Zeugnis eines Schriftstellers, der Kreta 1821 bereiste, daß es an der Stelle des Klosters einen alten Turm gebe. Offensichtlich meinte er damit den Befestigungsturm des alten Klosters, der den Mönchen bei Piratenangriffen Schutz bot. Die übrigen Klöster (Rovythiotis, Atziparas, Profitis Ilias) sind in byzantinischen oder venezianischen Urkunden erwähnt. Das Kloster ist Johannes dem Täufer geweiht und feiert Kirchweih am 7.Januar Es lebt dort ein Mönch.

KIRCHEN. Im Gebiet von Kastelli haben sich einige bemerkenswerte byzantinische Monumente erhalten, Kirchen mit sehr schönen Wandmalereien, die besucht werden können. Im Dorf Bizariano befindet sich die Kirche Agios Panteleïmonas, in der sich Teile der Wandmalereien bewahrt haben. Interessant sind auch die alten Säulenkapitelle, aus denen ein späterer Handwerker eine Säule bildete. Westlich von Kastelli steht in dem kleinen Dorf Sklaverochori die Kirche Theotokos, deren Wandmalereien im 15.Jh. geschaffen wurden und in relativ gutem Zustand erhalten sind. Die Wandmalereien, deren hohe Qualität als einmalig für Kreta in jener Zeit angesehen werden, gelten als Vorläufer der Kretischen Schule. An der Nordwand sieht man einen Heiligen der Westkirche mit Gebetsschnur in der einen und einem liturgischen Buch in der anderen Hand. Das Eindringen westlicher Elemente in den orthodoxen Kult war nichts Ungewöhnliches auf Kreta während der Venezianerherrschaft. In den meisten Fällen jedoch geschah das Gegenteil. Die Venezianer übernahmen Elemente der Ostkirche und viele traten sogar zum orthodoxen Glauben über.

Bei einer Fahrt durch die weitere Umgebung von Kastelli hat man die Möglichkeit, einige bemerkenswerte Monumente der Gegend zu besichtigen, so z.B. die antike Stadt Lyktos, die zwischen den Dörfern Xidas, Askoi und Kastamonitsa liegt. Dieses Stadt blühte in der

44. Alte Handschrift. (Kloster Anopoli).
45. Prochoros. Detail von einer Ikone im Kloster Anopoli. Heute in der Kirche Agia Aikaterini in Irakleio.
46. Wandmalerei aus der Kirche Agios Nikolaos Xidas.
47. Agios Georgios Kefaliotis.

46

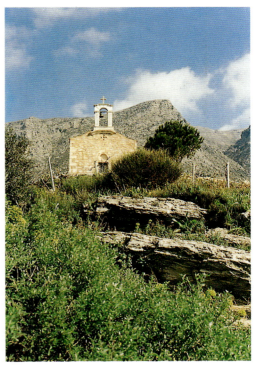

47

hellenistischen und römischen Zeit. In der Nähe von Lyktos haben sich Überreste einer frühbyzantinischen Baislika erhalten. Im Gebiet von Xidas kann man die Kirche Agios Georgios mit Wandmalereien aus dem 14.Jh. besichtigen. Einen Kilometer östlich desselben Dorfes, an der Straße nach Kastamonitsa, liegt die Kirche Agios Nikolaos mit hervorragenden Wandmalereien. Bemerkenswert sind auch die Wandmalereien in der Kirche Panagia (heute eine Friedhofskirche) im Dorf Kastamonitsa. Die Geschichte des Dorfes geht in die byzantinische Zeit zurück, denn es wurde nach 961 von Siedlern aus Kastamoni in Kleinasien gegründet. Die Ansiedlung von byzantinischen Siedlern auf Kreta direkt nach dem Ende der Araberherrschaft hatte die Verstärkung der byzantinischen Präsenz auf der Insel zu Ziel. In dem Dorf gibt es keine Zeugnisse seiner byzantinischen Vergangenheit mehr außer dem Ortsnamen Agios Isidoros, wo es anscheinend eine byzantinische Kirche gab. Ende des 19.Jhs. rissen die Einwohner des Dorfes die schöne, mit Wandmalereien ausgestattete byzantinische Kathedrale ab, die in der Mitte des Dorfes stand, und errichteten eine neue. In der Überlieferung hat sich die Erinnerung an die alte Kirche bewahrt, die eine Kreuzkuppelkirche war, doch gibt es keine Belege dafür, daß sie sofort nach 961 erbaut wurde.

Zwischen den Dörfern Kastamonitsa und Amari liegt die schöne Kirche Agios Georgios Kefaliotis mit sehr beachtenswerten Wandmalereien.

KLOSTER GKOUVERNIOTISSA

Dieses Kloster liegt 34km von Irakleio entfernt an einem waldbewachsenen Berghang oberhalb des Dorfes Potamies. Wenn auch das Jahr seiner Gründung unbekannt ist, so ist doch sicher, daß es schon vor dem 14.Jh. bestand. Bis vor kurzem war es eine Dependance des Heiligen Grabes und besaß große Ländereien im Gebiet von Potamies. Bis zu Beginn dieses Jahrhunderts hatte es den Status einer Klosterdependance und seine landwirtschaftliche Produktion stand unter der Leitung eines Mönchs von den Heiligen Stätten.

Heute ist das Kloster verfallen. Neben den Überresten der Zellen, der alten Backöfen und anderen Gebäuden hat sich die Klosterkirche in sehr gutem Zustand erhalten, ist jedoch geschlossen. Um sie zu besichtigen, ist es notwendig, sich an ihren Wächter zu wenden, der in Potamies wohnt.

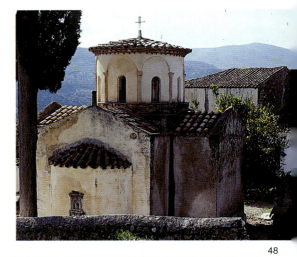

48

49

48. Das Katholikon des verlassenen Klosters Gkouverniotissa in Potamies.
49. Wandmalerei aus der Koster Gkouverniotissa.
50. Das Kloster Kera. (Die Fotografie ist von Rousetos Panagiotakis).
51. Engel. Wandmalerei im Kloster Kera.

Das Beeindruckendste an der Kirche ist ihr Malschmuck. Es handelt sich um Wandmalereien aus der 1.Hälfte des 14.Jhs., geschaffen von einem hervorragenden Maler, der in direktem Kontakt stand zu den Künstlerwerkstätten in der Hauptstadt des byzantinischen Reiches. Die in der Kuppel zu sehende Pantorkratordarstellung ist ehrfurchtweckend. Seine Gestalt ist sehr streng mit dem Falten im Gesicht und den großen, nach rechts blickenden Augen. Eindrucksvoll ist auch die Figur der Heiligen Barbara an der Westseite der Kirche, mit leuchtenden Farben und

Schattierungen. Das Katholikon des Klosters Gkouverniotissa ist eine der am reichsten ausgemalten Kirchen auf Kreta.

KLOSTER KERA

Das Kloster der Panagia Kera, das auf dem Dikti liegt und das man erreicht, wenn man zur malerischen Lasithi-Hochebene hinauffährt, ist eines der bedeutendsten religiösen Zentren auf Kreta. Das Weihfest des Klosters am 8.September ist ein großes Ereignis. Die Geschichte des Klosters, die Legenden und die Überlieferungen hinsichtlich der wundertätigen Ikone der Gottesgebärerin ziehen auch heute noch viele Gläubige an. Es liegt 50km von Iraklio entfernt.

Das Kloster ist alt, doch ist nicht bekannt, wann genau und von wem es gegründet wurde. Zum ersten Mal erwähnt ist es in einer Schrift des florentinischen Mönchs Christoforo Buondelmondi aus dem Jahre 1415. Dieser Mönch stieß auf das Kloster, als er von der Lasithi-Hochebene zur Ebene der heutigen Präfektur Irakleio hinabstieg, und er erwähnt, daß die Heilige Jungfrau zahllose Wunder vollbracht habe. Also war das Kera-Kloster auch bereits in jener fernen Zeit ein bedeutende Wallfahrtstätte. Ein Weinhändler, angezogen von der Legende, welche die Ikone umgab, stahl sie und brachte sie um 1498 nach Rom. In der Legende gibt es viele Einzelheiten über diese Reise von Kreta nach Italien. Es wird erzählt, daß ein Sturm aufkam und der Weinhändler gezwungen war, seine ganze Fracht über Bord zu werfen, damit das Schiff nicht untergehe. Sobald er in Rom angekommen war, beschloß er, die Ikone in die Matthäus-Kirche zu bringen, wo sie verblieb, bis sie 1866 in die Kirche des Heiligen Alfons auf dem Esquilin gebracht wurde. Sie ist in Italien auch heute noch sehr bekannt und ihr zu Ehren wurden die Klosterorden der Immerwährenden Hilfe gegründet, denen zu Beginn des 20.Jhs. 4 Mio. Mönche in der ganzen Welt angehörten. Die Bewohner der Gegend um das Kera-Kloster glauben, daß es jene alte wundertätige Ikone ist, die sich heute am Templon (Ikonostase) der Kirche befindet. Sie glauben, daß sie ein Werk des Heiligen Lazarus ist und erzählen, die Türken drei Mal versuchten, sie aus der Kirche zu entfernen... Sie stahlen sie und brachten sie nach Konstantinopel, aber jene entkam und kehrte allein ins Kera-Kloster zurück. Beim dritten Mal beschlossen sie, die Ikone an einer Marmorsäule festzuketten. In der Nacht flog die Ikone davon

50

51

und nahm Ketten und Marmorsäule mit sich. Die Ketten, die man für wundertätig hält, befinden sich heute am Templon der Kirche. Auch heute noch legen sich viele Gläubige kurz diese Ketten um, um von Krankheiten und Schmerzen befreit zu werden. Die Marmorsäule steht im Klosterhof und die Nonnen, die heute im Kera-Kloster leben, pflegen sie als eine religiöse und kultische Zimelie. Doch auch in heutiger Zeit kam es zu einem ähnlichen Diebstahl in Kera. 1982 wurde eines Nachts die Ikone von einigen Jugendlichen gestohlen. Die Nachricht versetzte die Gläubigen auf ganz Kreta in Aufruhr, doch wenige Tage später fand man die Ikone in einer nahen Höhle versteckt. Die Diebe hatten keine Zeit gehabt, die Ikone von der Insel zu bringen und zu verkaufen...

Die Polizei brachte sie nach Irakleio und übergab sie dem Erzbischof. Das ganze Ereignis bewegte die Gemüter derart, daß der Erzbischof von Kreta beschloß, die Ikone nicht mit einem Wagen ins Kloster zurückzubringen. Auf ihrem heiligen Weg von Irakleio nach Kera, einem Weg von 50 Kilometern, wurde die Ikone von mehreren Tausend Gläubigen begleitet!

Das Kloster war früher ein Wehrkloster. Die Befestigungsmauer, die es umgab, schützte Kirche, Mönchszellen und die gemeinsam genutzten Gebäude. Doch ist davon heute nicht mehr viel zu sehen, da die vielen Zerstörungen und Brandschatzungen während der Türkenzeit und die von Zeit zu Zeit durchgeführten Ausbesserungsarbeiten ihre alte Gestalt verändert haben. Es war die Lage des Kloster, die seine Befestigung notwendig machte, denn es liegt oberhalb eines der natürlichen Zugänge zur Hochebene von Lasithi. Und die Hocheben war sowohl während der Venezianerherrschaft als auch in der Türkenzeit ein Zentrum der Aufständischen, das die jeweiligen Oberherren um jeden Preis unter ihre Kontrolle bringen wollten. Von den alten Befestigungsanlagen hat sich außer der Gliederung der Klosterbauten fast nichts erhalten. Der Eingang zum Kloster, an der Ostseite, lag auch in älteren Zeiten an dieser Stelle.

Die heutigen Gebäude, die den Nonnen als Zellen dienen, wurden zwischen 1960 und 1970 gebaut.

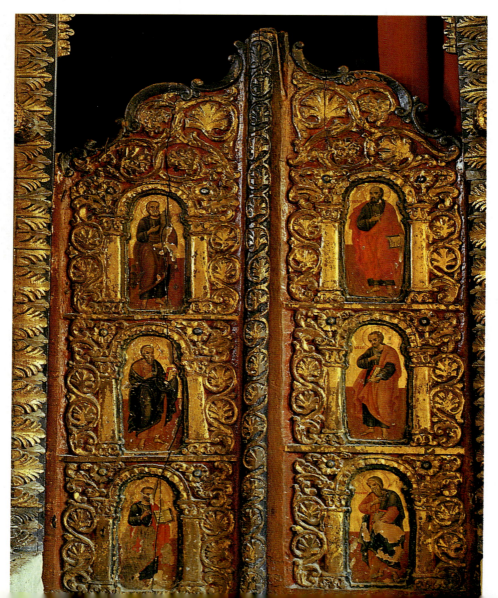

Bemerkenswert ist das Katholikon der Kirche. Ursprünglich stand an seiner Stelle eine kleine Kirche. Als jedoch die Pilger immer mehr wurden und die Zahl der Mönche sich erhöhte, wurde die Kirche vergrößert. An die Nordseite der kleinen Kirche wurde ein tonnenüberwölbter rechteckiger Raum angebaut sowie drei weitere, parallel zueinander liegende, die ebenfalls überwölbt sind. Später wurde dann noch im Westen ein quer zu dem übrigen Bau liegender Narthex mit Tonnengewölbe angebaut. Die Wandmalereien in der Kirche stammen aus dem Anfang des 14.Jhs. und sind charakteristisch für diese Zeit.

Die ältere Geschichte des Klosters Kera ist unbekannt. Der ersten Erwähnung des Klosters durch Buodelmonti folgen kaum weitere Zeugnisse. Im selben Jahrhundert gehörte das Gebiet zum lateinischen Patriarchat von Konstantinopel und das Kloster war im Besitz des (orthodoxen) Priesters Pavlos Magkanaris. Möglicherweise führte die Auseinandersetzung um das Kloster dazu, daß die Lateiner in jener Zeit die Ikone stahlen. Der Name Magkanaris wird hier erwähnt, weil diese Familie das Kloster bis Mitte des 19.Jhs. beherrschte!

Nach der Eroberung Kretas durch die Türken (1669) war das Kloster sowohl in religiöser wie nationaler Hinsicht bedeutend. Es war Zufluchtstätte der Aufständischen und beherbergte und verpflegte die hungernden Menschen aus den umliegenden Dörfern. Von den Nonnen wird heute ein Raum gezeigt, in dem es eine geheime Schule gegeben haben soll, also eine Schule, in der die Mönche in der Türkenzeit den griechischen Kindern geheim Lesen und Schreiben beibrachten. Da in Kera nie Türken lebten - die die fruchtbaren Ebenen vorzogen - ist es sehr wohl möglich, daß es hier eine Schule gab und das Kloster, wie auch andere kretische Klöster, ein religiöses wie künstlerisches Zentrum der Gegend war.

1822, ein Jahr nach dem Beginn des griechischen Befreiungskampfes, wurde das Kloster von den Türken niedergebrannt. Dasselbe passierte auch etwa 20 Jahre später, nach dem kretischen Aufstand von 1841. Das Kloster wurde zum Schauplatz erbitterter Kämpfe. 1866, zur Zeit

52. *Kloster Kera. Die Königspforte.*
53. *Kirchenvater. Die Wandmalerei befindet sich im Altarraum der Panagia Kera.*
54. *Kloster Kera. Abbildung der Frau, die die reiche Ausmalung der Kirche stiftete.*
55. *Das Katholikon des Klosters Kera.*

des großen kretischen Aufstandes, war das Kloster Hauptquartier des Aufständischenrates. In jener Zeit wurde das Kloster wieder einmal niedergebrannt.

Im 20.Jahrhundert bestand die Gefahr, daß das Kloster aufgegeben werden müsse, da es nicht genügend junge Mönche gab. Vor kurzer Zeit wurde es aber vom Erzbischof von Kreta in ein Nonnenkloster umgewandelt, wodurch sein Bestand gesichert wurde.

Wenn man das Kloster besucht, lohnt es sich, einen kleinen Rundgang durch das Dorf Kato Kera zu machen, das heute fast ganz verlassen ist. Es ist ein typisches kretisches Dorf aus dem Beginn dieses Jahrhunderts. Etwas unterhalb des Dorfes liegt die Gegend Apotyposi. Ein kurzer Feldweg führt hinab an diese landschaftlich sehr schöne Stelle, die von großen Felsen beherrscht wird, von denen einer Menschgestalt besitzt. Die Bewohner erklären dies als eines der Wunder der Marienikone: Als die muslimischen Türken die Ikone gestohlen hatten und jene zurückflog, wurde sie kurz vor ihrem Ziel müde und ruhte sich in Apotyposi aus. Und an dieser Stelle entstand der Abdruck ('apotyposi') ihrer Gestalt. Direkt daneben wurde die Kirche der Gottesgebärerin errichtet...

KLOSTER VIDIANI

Dieses Kloster liegt auf der Hochebene von Lasithi in der Nähe des Dorfes Kato Metochi. Es wurde Mitte des 19.Jhs. gegründet. In jener Zeit war Kreta ein Teil des osmanischen Reichs und nach ununterbrochenen harten Kämpfen der Kreter gewährte der Sultan einige Rechte, darunter auch die Freiheit der Religionsausübung. Dieser Schritt des Jahres 1856 ließ eine große religiöse Bewegung entstehen. Bis dahin war die Gründung neuer Klöster und die Instandsetzung älterer nicht erlaubt. Zwischen 1856 und 1898 wurden auf Kreta viele neue Klöster gegründet und viele ältere erneuert, darunter auch das Kloster Vidiani. An seiner Stelle existierte eine ältere Kirche und möglicherweise auch ein Kloster. Viele Indizien führen zu diesem Schluß. Da ist zunächst einmal eine Urkunde aus dem Jahr 1846 - also mindestens zehn Jahre vor Gründung des Klosters -, in der der Ortsname Panagia Vidiani auftaucht. Außerdem fand man 1968 in einer Höhle neben dem Kloster (100m von seinem Eingang) eine Glocke aus dem Jahr 1620, die sich heute im Historischen Museum Kreta in Irakleio befindet. Diese Glocke gehörte zu der alten Kirche oder dem alten Kloster Vidiani (wenn das auch damals der Name war) und wurde 1646 in der Höhle versteckt, als die Türken Kreta eroberten. Die Kreter versteckten damals viele Glocken in Höhlen, weil sie fürchteten, daß die Eroberer die Glocken zerstören würden, weil sie in der islamischen Religion verboten sind.

Gründer des Klosters war der Priestermönch Methodios Perakis, der, bevor er nach Vidiani flüchtet und mit dem Wiederaufbau der Ruinen begann, Lehrer in einem Dorf der Hochebene war. In jenen Jahren gab es keine offiziellen Schulen auf der von den Türken beherrschten Hochebene und der Unterricht fand in Kirchen und Klöstern statt.

1866 erhoben sich die Kreter, und das gerade fertiggestellte Kloster wurde in Brand gesteckt und zerstört. Sofort nach dem Aufstand begann man mit dem Wiederaufbau. Das Kloster gelangte zu Ruhm und zog viele Gläubige an. Seine Blüte dauerte bis in die ersten Jahrzehnte des 20.Jhs. Einer seiner Äbte, Dorotheos Tsagkarakis, war eine bedeutende Persönlichkeit der Kirche und Patriarch und kämpfte mit aller Kraft gegen die deutschen Truppen, die Kreta im II. Weltkrieg besetzten. Er verließ das Kloster und ließ sich im Dorf Vasilies in der Nähe von Irakleio nieder. In der Kirche hatte er ein Funkgerät versteckt, über das er in Kontakt stand mit den freien Gebieten des Mittelmeers. Die Deutschen fanden das Funkgerät und richteten den Abt hin.

Nach der Befreiung Kretas begann der Niedergang des Klosters und 1968 wurde es schließlich aufgegeben. Länger als 25 Jahre blieb es unbewohnt und erst 1992 wurde es neubesiedelt. Als Abt wurde der Archimandrit Damaskinos Beleris eingesetzt und man begann mit der Restauration der Ruinen. Im Kloster soll ein Museum für Naturgeschichte eingerichtet werden.

KLOSTER KROUSTALLENIA

Das Kloster liegt sehr eindrucksvoll auf einer Anhöhe der Hochebene von Lasithi und gibt jenen Recht, die der Ansicht sind, daß die griechischen Klöster an den landschaftlich schönsten Stellen errichtet wurden. Es erhebt sich auf einer Felsenanhöhe, die von den hohen, die Hochebene eingrenzenden Bergen umgeben ist. Doch ist es kein kahler Felsen und erinnert in keiner Weise an die Nacktheit der Felsen, auf denen die Meteora-Klöster stehen, noch an ihre wilde Schönheit. Der Felsen von Kroustallenia erhebt sich etwa 15m über die es umgebende Ebene, doch lassen die dunkelgrünen Bäume auf der Anhöhe den Höhenunterschied größer erscheinen.

Das Kloster ist alt doch ist heute nicht bekannt, von wem und wann es auf den idyllischen Felsen von Kroustallenia errichtet wurde. Doch scheint die Geschichte des Kloster mit der der Hochebene verbunden zu sein. Die Hochebene von Lasithi ist eine bezaubernde Landschaft, doch ist sie aufgrund ihrer Lage sehr abgeschieden und war in früheren Zeiten oft unzugänglich. In den ersten christlichen Jahren entwickelte sie ihr eigenes religiöses Leben, das aber in den Wirren und Katastrophen, die über das Gebiet kamen, vergessen wurde. Nach der Eroberung Kretas durch die Venezianer (1211) wurde die Lasithi-Hochebene zum Zentrum für 1272 die gegen die Venezianer kämpfenden Aufständischen im Kloster Kroustallenia versammelten und einen Fürbitte-Gottesdienst abhielten. Dies bedeutet, daß das Kloster bereits seit der 2. byzantinischen Zeit (961-1204) bestand. Damit stimmt auch die Jahreszahl 1241 überein, die auf einem alten reliefierten Heiligentürchen steht.

Das Kloster Kroustallenia wurde nach der Niederlassung peloponnesischer Flüchtlinge auf Kreta erneuert. Unter den vielen Flüchtlingen, die im 16.Jh. nach Kreta kamen, waren auch die Nonnen Palantia und Theokliti. Erstere war Äbtin des Klosters Panagia Spilaio und letztere Äbtin des Klosters Agia Pelagia in Castel dei Greci. Sie erweckten das Mönchtum auf der Hochebene zu

die Aufständischen. Die Venezianer beschlossen, die Hochebene zu entvölkern und verboten den Kretern nicht nur, dort zu wohnen, sondern auch, zur Hochebene hochzusteigen, um die fruchtbare Ebene zu bestellen. Von 1293, als dieses Verbot erging, bis 1543, als auf der verlassenen Hochebene, die inzwischen in türkischer Hand war, Flüchtlinge aus Monemvasia und Navplio auf dem Peloponnes angesiedelt wurden, war Lasithi ein verbotener Ort, und wer immer es wagte, sich dorthinauf zu begeben, wurde standrechtlich erschossen oder es wurden ihm die Beine abgehackt. Die alten Kirchen verfielen. Ebenso die Klöster. Und so ging das Gedächtnis des Volkes endgültig verloren... Der Historiker Vasileios Psilakis vertritt die Ansicht, daß sich

neuem Leben. Die erste gründete (erneuerte) das Kloster Kroustallenia und die zweite das Kloster Agia Pelagia, das heute verlassen ist (erhalten hat sich nur die Kirche) und an der Stelle Alexaina an der südöstlichen Seite der Hochebene liegt. Damals wurde eine neue Seite in der Geschichte des Klosters aufgeschlagen, das während der übrigen Jahre der Venezianerherrschaft regulär weiterbestand.

Nachdem die Türken die Insel erobert hatten, scheinen sich in Kroustallenia Mönche niedergelassen zu haben. Die Hochebene war weiterhin das Zentrum der Aufständischen, wie auch schon in der ersten Zeit der Venezianerherrschaft, und Mitte des 18.Jhs. wurde im Kloster der legendäre spätere Rebellenführer Kapetan

Kazanis getauft. Während der Tauffeier überfielen die Türken das Kloster und plünderten es. Ebenso 1823, als sie das Kloster zum Großteil zerstörten. Der französische Reisende A. Fabreguettes, der 1834 das Kloster besuchte, erwähnt in seinen Aufzeichnungen, das die beiden dort lebenden Mönche die Schäden noch nicht wieder behoben hatten. Die Ägypter, die den Türken auf Kreta bei der Niederschlagung des großen Aufstandes von 1821 halfen, plünderten Häuser und Kirchen, töteten, schändeten Frauen und Kinder, verkauften sie als Sklaven. Unter den Gefangenen war auch der Sohn von Fragkias Kampanis, der aus der Lasithi stammte, nach Kairo gebracht, dort als Muslim aufgezogen wurde und eine Hauptrolle in einer der tragischsten Geschichten der Hochebene spielen sollte. Der Sohn Kampanis wurde Pascha (Ismael Ferik Pascha) und sogar Kriegsminister von Ägypten. 1867 führte er die ägyptischen Truppen an und brannte die Dörfer der Lasithi (darunter auch sein Heimatdorf) nieder und zerstörte das Kloster Kroustallenia! Die besondere Tragik an dieser Geschichte ist, daß Ismaels Bruder Antonios, der inzwischen im freien Griechenland ein großes Vermögen erworben hatte, die aufständischen Kreter finanziell unterstützte. Nach der Katastrophe von 1867 wurde Ismael von den Türken ermordet (wahrscheinlich vergiftete man ihn), die glaubten, daß er Kindheitserinnerung bewahrt habe und Kryptochrist sei.

1866 war das Kloster Kroustallenia das Hauptquartier der Aufständischen. In derselben Zeit unterhielt man im Kloster die erste Schule der Hochebene. Die Zerstörung des Jahres 1867 veränderte die ursprüngliche architektonische Gestalt des Klosters. Und heute erinnern die Gebäude in keiner Weise mehr an das Kloster, wie es früher war. Vor kurzem wurden zudem umfangreiche Renovierungsarbeiten durchgeführt, um das Kloster vor dem Verfall zu retten. Die meisten Gebäude wurden von Grund auf neuerrichtet.

Das Kloster Kroustallenia war früher einer der Orte der Hochebene, wohin sich ausländische und einheimische Reisende um Unterkunft und Speise wandten. Heute lebt dort ein Mönch.

56

57

56. Kloster Kroustallenia. Das Katholikon.
57. Relief im Kloster Kroustallenia.
58. Der Heilige Johannes. Ikone vom Kloster Spiliotissa.
59. Spiliotissa. Die Höhlenkirche.

Route 2: Irakleio - Kloster Apanosifi
KLOSTER SPILIOTISSA

Es liegt 22km von Irakleio entfernt in der Nähe des Dorfes Agios Vasileios (Abzweigung bei km 17 der Straße Irakleio-Kastelli/Pediada). Es ist ein altes Kloster in einem exotisch anmutenden Tal, in einem Gebiet voll religiöser Erinnerungen. Gewaltige Platanen und andere Bäume verstecken das Kloster vor den Augen des Reisenden, der nichts von seiner Existenz ahnt. Unweit des Klosters liegt die Einzelraumkirche Agios Ioannis mit schönen byzantinischen Wandmalereien. Diese Kirche wurde 1291 ausgemalt und es hat sich ein Teil der Stifterinschrift erhalten, die ein bemerkenswertes Beispiel für die Bewahrung byzantinischen Bewußtseins auf dem von Venezianern besetzten Kreta darstellt. Der Hagiograph und der Stifter des Wandmalschmucks erkennen die venzianischen Herrscher Kretas nicht an, sondern betrachten den byzantinischen Kaiser Andronikos Palaiologos als ihren König. In der Inschrift steht, daß die Kirche "unter Andronikos Palaiologos erneuert und ausgemalt" wurde. Das Wort 'erneuert' führt zu dem Schluß, daß es dort eine noch ältere Kirche gab.

Von der Johannes-Kirche führt ein nur 300m langer Weg zum Kloster, den man zu Fuß gehen sollte. Auf der alten Straße, die von hohen Bäumen gesäumt ist, trifft man auf die alte Quelle, die das Kloster mit Trinkwasser versorgte. Das Wasser der Quelle ist sehr gut und wurde früher als heilkräftig betrachtet. Die türkischen Paschas in Irakleio tranken ausschließlich Wasser von der Spiliotissa-

58

59

Quelle! Das Kloster ist am Hang eines Hügels erbaut und seine Hauptkirche liegt in einer Höhle. Es handelt sich um eine der vielen Höhlenkirchen der Gegend, die auf besondere kultische Bräuche und möglicherweise auch antike Kulte hinweisen. Die Höhle des Klosters bildet seit der byzantinischen Zeit ein bedeutendes Zentrum des orthodoxen Glaubens. Sie wurde bereits vor 1500 ausgemalt und von dieser Ausmalung haben sich Spuren bis heute erhalten. 'Spiliotissa' ist einer der bekannten Beinamen der Gottesgebärerin und bedeutet Maria 'in der Höhle', d.i. die in der Höhle verehrt wird. Die Atmosphäre in der Kirche ist sehr weihevoll. Das Dämmerlicht und die Schatten an der Felsendecke erwecken eine heilige Ehrfucht. Das flackernde Licht der Kerzen verleiht dem Ganzen eine mystische Einfachheit und läßt die Gestalten der Heiligen auf den Ikonen strenger erscheinen.

Während der Türkenherrschaft war das Kloster Bischofssitz. Heute gehört es zum großen Kloster auf Sina und es leben dort nur zwei Mönche. Es feiert am 15. August den Tod Mariens.

KLOSTER APANOSIFI

Es ist eines der größten Klöster auf Kreta. Es liegt 32km von Irakleo entfernt und bildet ein charakteristisches Beispiel eines Klosters, das sich während der Türkenherrschaft entwickelte. Bis 1669 war es ein kleines, unbedeutendes Kloster. Damals beherrschte ein anderes, heute verlassendes Kloster das Gebiet: das Kloster Aïstratigos (Erzengel Michael) in Agalantes.

Das Kloster Aïstratigos liegt 4,5km von Apanosifi entfernt in der Nähe des Dorfes Karkadiotissa. Es haben sich nur die Kirche und wenige Bauten erhalten, die heute von Viehzüchtern genutzt werden. Doch kann man an den Mauern des Klosters noch bzyantinische Wandmalereien bewundern. Der Überlieferung nach soll die Kirche von Aïstratigos von dem bzyantinischen General und späteren Kaiser Nikephoros Phokas gebaut worden sein, als dieser 961 die Insel von den Arabern befreite. Belege gibt es dafür nicht, doch ist bekannt, daß die Gegend mit dem Wirken des berühmten Bzyantiners in Verbindung steht. Auf der Anhöhe Roka errichtete er eine Festung, in die er sein Hauptquartier verlegte. Das Kloster verödete in den ersten Jahren der Türkenherrschaft. Kurz zuvor, und zwar im Jahr 1655, brach die Pest auf Kreta aus und raffte alle Einwohner des nahegelegenen Dorfes Aganlantes hin. Viele Jahre standen die Häuser des Dorfes leer, bis sie schließlich verfielen. Bis zu Beginn dieses Jahrhunderts hatten sich noch die Gärten mit den Obstbäumen zwischen dem Unkraut erhalten. Damals soll auch das Kloster aufgegeben worden sein. Neuer Forschungen haben jedoch ergeben, daß dies nicht richtig sein kann, denn bis mindestens 1672 ist noch ein Abt dieses Klosters nachgewiesen. Es verödete höchstwahrscheinlich, weil es keinen Nachwuchs hatte, da das sich schnell entwickelnde Kloster Apanosifi die jüngeren Mönche anzuzog, aber auch aufgrund der hohen türkischen Steuern, die nur die großen Klöster aufbringen konnten.

Die erstaunlich schnelle Entwicklung des Klosters Agios Georgios Apanosifi erklärt sich vor allem durch die Pestepedemie von 1655. Der

60. Der Heilige Georg. Kloster Apanosifi.
61. Verkündigung Mariä Aus einer Handschrift des Klosters Apanosifi.

Heilige Georg wurde von den Bewohnern der Gegend als der Heilige angesehen, der sie vor der schrecklichen Krankheit, an der die Menschen zu Tausenden starben, schützen könne. Binnen weniger Jahre wurde das Kloster zu einem bedeutenden Wallfahrtsort. Die Gläubigen stifteten dem Heiligen Geld und Besitz. Im Kloster haben sich bis heute die äußerst bedeutenden Handschriften mit Hymnen an den Heiligen Georg von Apanosifi erhalten. In diesen Liedern erbaten die Gläubigen die Hilfe des Heiligen zur Vertreibung der Pest sowie seinen Schutz gegen die sich häufenden türkischen Überfälle. Man kann sich vorstellen, daß die Türken, die 22 Jahre lang das heutige Irakleio belagerten, sehr oft die umliegenden Dörfer und Klöster plünderten, darunter auch das Kloster Apanosifi. Die Hymnen an den Heiligen Georg sind wichtige Texte, denn es sind nicht nur Sprachkunstwerke, sondern liefern auch viele Informationen über die Zeit.

Die Gestalt der Gesamtanlage ist kennzeichnend für die Epoche, in der das Kloster erbaut wurde. Es erinnert nicht an eine Festung, denn im 17.Jh. hatte die Klosterarchitektur auf Kreta einen eigenen Stil entwickelt. Außerdem bestand nicht mehr die Gefahr der Priatenüberfälle, so daß eine Ummauerung notwendig gewesen wäre. Auch wäre eine solche nicht im Stande gewesen, die Mönche vor den damals übermächtigen Osmanen zu retten. In seiner Anlage erinnert das Kloster an die kretische Volksarchitektur jener Epoche mit Häusern (im Falle der Klöster Zellen), die nebeneinander gebaut sind. Das Refektorium liegt meist westlich der Kirche, dort, wo sie heute die Abtswohnung befindet.

Das lückenhafte Bild der Informationen hinsichtlich der Gründung des Klosters wird von der Volksüberlieferung ergänzt. Es wird erzählt, daß das Kloster von einem Wandermönch erbaut wurde, der sich dort schlafen gelegt hatte, wo heute das Kloster steht. Andere Legenden umgeben das Kloster mit einem metaphysischen Glanz. Sie sprechen von Wundern des Heiligen Georg. Man erzählt, daß ein Hirte den Heiligen um Hilfe gebeten und ihm die stärksten Widder seiner Herde versprochen habe. Als er sein Versprechen erfüllen sollte, brachte er zwar Widder in die Kirche, doch nicht die stärksten und kräftigsten. Als er am nächsten Morgen aufwachte, sah er, daß alle seine Tiere von selbst ins Kloster gelaufen waren.

62

62. Marmorrelief vom Kloster Apanosifi.
63. Der Kalligraph und Mönch Gavriil Mamougiorgis.

Im 18.Jh. erlebte das Kloster eine Blütezeit. Nach 1750 wurde es zu einer der bemerkenswertesten Bildungsstätten der Insel. Die Handschriften aus der Zeit sind nicht nur aufgrund ihres Inhalts sondern auch wegen ihrer Illumination sehr wichtig. Eine solche Handschrift gelangte nach dem Befreiungskampf von 1821 nach London (heute im British Museum). Eine andere befindet sich in Irakleio,

im Bildersaal der Agia Aikaterini, und viele andere werden im Kloster selbst aufbewahrt. Vor einigen Jahren wurde auch ein kleines Museum eingerichtet, in dem die Zimelien des Klosters ausgestellt sind.

Während des Befreiungskampfes von 1821 spielte das Kloster eine bedeutende Rolle. Seine Zimelien, seine Geräte aus Gold und Silber, wurde auf ein Schiff verladen und auf die Insel Hydra gebracht, wo sie verkauft wurden und für den Erlös Waffen für den kretischen Freiheitskampf gekauft wurden. Während des Kampfes wurden 18 Mönche aus Apanosifi getötet. Das Kloster verödete. Die Kirche wurde in der Zeit, in der die Insel von Ägypten beherrscht wurde (1830-1840), wiederaufgebaut, und zwar im Rahmen der liberalen Verwaltungsmaßnahmen, die der damalige Kalif von Ägypten Mehmed Ali getroffen hatte, um Aufstände und Unruhen zu vermeiden. Doch ließ der nächste kretische Aufstand nicht lange auf sich warten, und 1866 verödete das Kloster abermals...

In jener Zeit unterhielt das Kloster Apanosifi mit seinem gewaltigen Vermögen Dutzende von Schulen in der Präfektur Irakleio.

64. Handschrift aus dem Kloster Apanosifi, mit eindrucksvoller Illumination
65. Kloster Apanosifi. Das Katholikon.

Die große Zahl der heute dort lebenden Mönche (unter ihnen auch der Kalligraph Gavriil Mamougiorgis) ist ein Beweis für das Fortleben der monastischen Tradition auf Kreta.

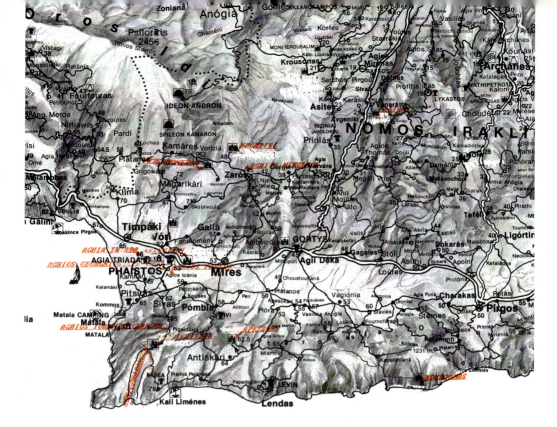

Route 3: Irakleio - Mesara-Ebene
KLOSTER PALIANI

Es ist eines der ältesten Klöster auf Kreta, wie auch durch die überall im Kloster wiederverwendeten Architekturteile belegt wird, die von einer altchristlichen Basilika stammen, die in den ersten christlichen Jahrhunderten auf der Insel an dieser Stelle existierte. Das Kloster liegt 21,3km von Irakleio entfernt in der Nähe des Dorfes Venerato (Abzweigung links von Venerato) in einer Gegend mit üppiger Vegetation.

In byzantinischer Zeit war es ein patriarchalisches und kaiserliches Kloster. Es verfügte über riesige Besitzungen und Dependancen in ganz Zentralkreta. Seine Verbingung mit den byzantinischen Kaisern und Patriarchen verliehen ihm besonderen Glanz und Macht. Doch gibt es leider aus jener Zeit nicht sehr viele Information über das Kloster, noch bedeutende Zimelien oder Handschriften. Nur die Ruinen und die Legenden zeugen davon, daß in den umliegenden Höhlen Asketen und Eremiten lebten.

Genauer bekannt ist die Geschichte des Klosters seit der Besetzung Kretas durch die Venezianer (1204-1211). Das Kloster fand sich im Wirbel der historischen Auseinandersetzungen. Dies erkannte auch der lateinische Patriarch von Konstantinopel und, da es bis dahin dem byzantinischen Kaiser gehörte, erhob der Doge von Venedig selbst Ansprüche auf das Kloster. Dieser Zwist währte viele Jahre, wie aus der Fülle von Urkunden hervorgeht, die sich in venezianischen Archiven erhalten haben. Wie sich aus den Volkszählungen der Venezianer ergibt, war das Kloster während der Venezianerherrschaft ein Nonnenkloster. Nach der Eroberung Kretas durch die Türken (1669) befanden sich die Frauenklöster in einer sehr schwierigen Lage. Häufig wurden diese Klöster überfallen, die Frauen vergewaltigt, getötet usw. Aus diesem Grund lebten zur Zeit der Türkenherrschaft nur wenige Nonnen auf Kreta und die meisten Nonnenklöster erfuhren eine gewaltsames und tragisches Ende. Trotzdem gelang es dem Kloster Paliani, bis zum Befreiungskampf von 1821 zu überleben. Dann jedoch zeigte sich die Gewalttätigkeit der türkischen Truppen in ihrem ganzen Ausmaß. Das Kloster wurde in Brand gesteckt. Die Nonnen versuchten zu flüchten. Die Äbtin wurde ermordet, nachdem ihr alle, "die gerade da waren", wie in einer Urkunde der Zeit erwähnt ist, Gewalt angetan hatten. Von den 70 Nonnen, die in dem Kloster lebten, überlebten nur drei. Einer von ihnen, namens Parthenia, gelang es später, das monastische Leben auf Kreta wiederzubeleben. Das Kloster war nur noch eine Ansammlung von Ruinen. Die Lebensbedingungen waren sehr schwierig. Die Nonnen überlebten dank der Gaben der Gläubigen; doch auch die Christen auf Kreta lebten ihre eigene Tragödie, mit nur wenigen Nahrungsmitteln und noch weniger Geld.

Ende des 19.Jhs. begann eine neue Blütezeit für das Kloster. Dutzende von Nonnen ließen sich dort nieder. Diese Blütezeit währte viele Jahrzehnte, und heute leben in Paliani noch 50 Nonnen. Das Kloster ist nicht koinobitisch, sondern idiorrhythmisch.

Südlich des Katholikon steht ein großer Baum, eine jahrhundertealte Myrthe, die von den Nonnen als heilige Myrthe bezeichnet wird und ein erstaunliches Beispiel darstellt für das Fortleben des Kultes der heiligen Bäume, der in minoischer Zeit auf Kreta blühte. Dieser Kult wurde den Gegebenheiten des orthodoxen Glaubens angepaßt und ist an mehr als 50 Orten auf der Insel anzutreffen. Von der heiligen Myrthe glaubt man, daß sich in ihrem Inneren eine Ikone der Gottesgebärerin befinde. Das Kloster feiert den 15. August, den Tag, der dem Tode Mariens geweiht ist; doch gibt auch eine besonderes Fest für die heilige Myrthe, das am 23. September gefeiert wird. Die Segnung des Brotes unter der heiligen Myrthe ist ein bemerkenswertes und weihevolles Ereignis, welches das Gestern der griechischen und christlichen Tradition mit dem Heute verbindet. Anstelle eines Tisches werden antike Kapitelle benutzt, auf denen im Schatten der heiligen Myrthe das Brot gesegnet wird.

Die Nonnen beschäftigen sich mit Handarbeiten und im Kloster kann man sehr schöne Stickereien sehen.

Im Umkreis des Klosters Paliani bestanden auch andere Klöster, darunter die Klöster Stavromenos unweit des Dorfes Avgeniki und

66. *Prochoros. Wandmalerei aus der Kirche Agios Ioannis des Klosters Paliani.*
67,68. *Unter der heiligen Myrthe. Die Verehrung des Baumes zeigt das Überleben minoischer Kultbräuche.*
69. *Der Heilige Nikolaus. Wandmalerei in der Kirche Agios Ioannis von Paliani.*

Agia Theotokos am Ufer des Apollonas (nach dem antiken Gott benannt). Diese Klöster sind heute unbewohnt.

KLÖSTER VRONTISI - VARSAMONERO

Diese beiden Klöster gehören zu den wichtigsten auf Kreta, da sie in der Zeit der kretischen Renaissance bedeutende Zentren waren, an denen Wissenschaften und Künste gepflegt wurden. Beide liegen an den Ostausläufern des Psiloreitis. Wann sie gegründet wurden, ist unbekannt, doch handelt es sich um sehr alte Klöster. Möglicherweise bestanden sie bereits in der 2. byzantinischen Zeit. Um dieses Klöster zu besuchen, folgt man der Straße Irakleio-Tympakio und nimmt im Dorf Agai Varvara (km 29) die Abzweigung zu den Dörfern Zaros und Vorizia. Das Kloster Vrontisi liegt 48km von Irakleio entfernt zwischen Zaros und Vorizia (Abzweigung nach links), und das Kloster Varsamonero liegt unweit des Dorfes Vorizia in einer landwirtschaftlich genutzten Gegend (von Irakleio 54,5km).

Das Kloster Vrontisi ist dem Schutzheiligen der Mönche Antonius geweiht (17.Januar). Auch heute noch ist das Kloster sehr eindrucksvoll, wenn es auch nicht mehr so erhaben wirkt wie früher, da man die alte festungsähnliche Anlage abgerissen und neue Gebäude errichtet hat. Bevor man durch den Haupteingang geht, sieht man linkerhand das reliefierte Quellbecken des Klosters. Dieses sehr schöne Werk ist ein Überbleibsel aus der Blütezeit des Klosters. Das Wasser rinnt aus den Mäulern zweier Relieflöwen. Daneben steht die gewaltige Platane von Vrontisi mit einer sehr großen Höhlung an ihrer Wurzel. Der Eingang des Klosters ist relativ neu. Im Innern jedoch kann man noch Überreste des alten Hauptpteingangs sehen.

Das Katholikon des Klosters hat seinen alten Glanz bewahrt. Es ist eine zweischiffige Kirche, wobei das zweite Schiff dem Apostel Thomas geweiht ist. Bemerkenswert ist der Glockenturm. Er erinnert an eine katholische Kirche, denn er wurde in der Zeit der Venezianerherrschaft errichtet, in einer Zeit also, als das eine christliche Dogma das andere beeinflußte, da auf Kreta Orthodoxe und Katholiken lebten. Solche freistehenden Glockentürme gibt es auch bei anderen Kirchen auf Kreta. Im Südschiff haben sich Teile der schönen Wandmalerereien erhalten. Bemerkenswert ist die Gestalt des

69

Heiligen Symeon Theodochos, der das göttliche Kind auf den Armen hält. Man sollte an die gelehrten Geistlichen und Mönche denken, die als einfache Mönche im Kloster lebten oder es als Abt leiteten. Denn das Kloster Vrontisi war in den letzten Jahrhunderten der Venezianerherrschaft für die Leistungen seiner Mönche in Wissenschaft und Kunst berühmt. Hier lebten Kopisten, Schreiber, Maler und Lehrer, die auch über Kreta hinaus bekannt waren. Hier schuf Michaïl Damaskinos, einer der bedeutendsten Maler der kretischen Renaissance, sechs seiner bekanntesten und charakteristischsten Ikonen. Diese Ikonen wurden in Vrontisi aufbewahrt, bis sie im Jahr 1800 von dem Metropolitien von Kretas Gerasimos nach Irakleio überführt und in der Kirche Agios Minas aufgehängt wurden. Heute befinden sie sich im Ikonensaal der Katherinenkirche in Irakleio.

Die Blüte und die Ruhmzeit des Klosters setze sich auch in den folgenden Jahren fort. Die Türkenherrschaft war jedoch der Grund, daß die wichtigsten Formen der kretischen Kultur erlöschten. Der Niedergang des Kloster setzte nach 1669 ein, als alle Hoffnungen auf die

Vertreibung des andergläubigen Eindringlings verlorengingen. Die Wandmalereien, die Tragikonen, die alten Handschriften und die herrlichen Gebäude zeugen von der kulturellen Blüte und dem vergangenen Glanz des Klosters. Mit dem Dunkel der Türkenherrschaft ging die Bildung verloren. Die Unterdrückung führte zur Verödung des Klosters. Es blieben nur wenige Mönche, die jedoch ohne Zögern die Kämpfer für die kretische Freiheit bei sich aufnahmen. Die Widerstandskömpfer fanden dort Zuflucht. In großen Kisten wurden die alten Bücher aufbewahrt, die wertvollen Zeugen der Vergangenheit. Bis auch diese verlorengingen...

Das Kloster war Zufluchtsstätte zweier großer kretischer Freiheitskämpfer: des Kapetan Michalis Korakas und des Kryptochristen Michalis Kourmoulis. Im 19.Jh. wurde es oft zerstört und oft verlassen. Heute leben dort zwei Mönche.

Das Kloster VARSAMONERO ist heute unbewohnt. Um es zu besuchen, muß man von dem Wächter, der im Dorf Vorizia lebt, begleitet werden. Zellen gibt es keine mehr. Doch kann man noch ihre Spuren erkennen. Einige Ruinen, eine Steintreppe etc. Die Kirche ist eines der bedeutendsten christlichen Monumente auf Kreta, und zwar nicht nur aufgrund seiner eigentümlichen Architektur, nicht nur aufgrund des reliefierten Türrahmens des Eingangsportals, sondern vor allem aufgrund der Wandmalereien, die Bewunderung hervorrufen. Diese Wandmalereien zeigen, daß das Kloster zumindest seit den letzten Jahrzehnten des 15.Jhs. ein Zentrum für die Verbreitung der neuen Kunstströmungen war.

Das Kloster ist der Theotokos Hodegetria (die ihren Namen von dem byzantinischen Kloster Hodegi in Konstantinopel erhielt) und den Heiligen Phanurios und Johannes geweiht. Während der Venezianerherrschaft war es als Kloster Odigitria Varsamonero bekannt. Heute hört man oft die Bezeichnung Agios Fanourios. Das Katholikon besteht aus zwei Langschiffen mit Satteldach, einem Querschiff und Narthex. Es handelt sich Annexe, die nach und nach an den ursprünglichen Bau angebaut wurden, als sie die Zahl der Pilger und der Mönche größer wurde. Der älteste Teil ist das nördliche Schiff, das der Theotokos geweiht ist. Seine Wandmalereien stammen aus dem 14.Jh. Die Ikonen der Gottesgebärerin sind kennzeichnend

70

71

für ihre Zeit, wie auch die Darstellungen der beiden Heiligen mit den großen Schriftrollen an der Stirn der Konche. An der Nordwand desselben Schiffes sieht man die Gestalt des Heiligen Johannes mit Turban von Damaskinos, die Gestalt des Heiligen Onuphrios mit langem Bart und die Himmelfahrt Mariens.

Im Südschiff, das Johannes dem Täufer geweiht ist, gibt es viele hervorragende Ikonen, darunter jene mit Szenen der Passion (Einzug Christi in Jerusalem, Abendmahl, Judaskuß) an der Südwand. Die Nordwand beherrschen die Kreuzigung und die Beweinung Christi. Die Apsis und der Ostteil desselben Schiffes wurden 1400-1407 ausgemalt, der Westteil 1428.

Die Wandmalereien des Querschiffes

stammen aus dem Jahr 1431.

Diese Darstellungen sind ein bedeutendes Beispiel der Kunst in den ersten Jahrhunderten der Venezianerzeit.

Außer dem reichen Wandmalschmuck besitzt das Kloster auch Tragikonen des bedeutenden Malers Angelos. Sein holzgeschnitztes Templon (Ikonostase) war ein hervorragendes Beispiel sakraler Holzbildhauerei, wie auch das Analogion (Lesepult), das sich heute im Historischen Museum von Kreta in Irakleio befindet.

Was die Geschichte des Klosters betrifft, so ist heute bekannt, daß es ein großes Kloster mit vielen Dependancen und gelehrten Mönchen war. Während der Venezianerherrschaft wurde dort eine Schule unterhalten, und die Bibliothek des Klosters war sehr groß. Unter den Büchern dieser Bibliothek befanden sich - wie aus einem Katalog des Jahres 1544 hervorgeht - auch Schriften philosophischen Inhalts sowie Schriften antiker Schriftsteller, darunter von Xenophon, Aischines, Plutarch u.a.

Der Niedergang des Klosters setzte in den ersten Jahren der Türkenherrschaft ein, und im 17. oder 18.Jh. wurde es dann aufgegeben.

70,71. Details von den Wandmalereien im Kloster Varsamonero.
72. Kloster Varsamonero. Der Glockenturm.
73. Varsamonero. Ansicht der Kirche. Die Klosterzellen haben sich nicht erhalten.

74. Engel. Wandmalerei aus dem Kloster Varsamonero.
75. Das Kloster Agios Nikolaos bei Zaros, am Eingang der malerischen Schlucht.
76. Das Abendmahl. Ikone von Michaïl Damaskinos. Zusammen mit den anderen Ikonen des Malers befand sie sich bis 1800 im Kloster Vrontisi.

KLOSTER AGIOS NIKOLAOS.

Es liegt in der Nähe des Dorfes Zaros in einer idyllischen Gegend, in der auch der Eingang zu der Schlucht liegt, die zum Wald von Rouvas führt. Das Kloster, das sehr alt ist und viele schöne Wandmalereien besitzt, war verlassen, bis sich vor wenigen Jahren dort einige Mönche niederließen, die sich nach dem alten Kalender richten.

Oberhalb des Klosters liegt an einem steilen Hang die Höhle des Heiligen Euthymios, eine alte Einsiedlei, zu der man auf einem steilen Pfad hinaufsteigen kann (etwa 20min.). Doch die Mühe lohnt sich. Die Natur ist dort noch unberührt und in der Höhlenkirche haben sich zwei schöne Wandmalereien erhalten. Es wird erzählt, daß dort ein Eremit lebte, der sich nur von Wurzeln und Beeren ernährte. Die Nonnen des Klosters Agios Nikolaos sahen ihn eines Nachts an der Klostermauer, hielten ihn aber für ein wildes Tier und verwundeten ihn tödlich mit einem Pfeil oder Steinen. Obwohl er in ihrer Nähe lebte, hatten sich ihn bis dahin niemals gesehen, denn der Asket zeigte sich nie bei Tageslicht. Heute wird der Asket als Heiliger verehrt.

77

77. Die Auffindung der Ikone der Panagia Kalyviani Mitte des 19.Jhs. wurde zum Anlaß für Spannungen zwischen Kretern und Türken. Matthaios Michelinakis (Fotografie in kretischer Tracht) war unter denen, die sich für die Übergabe der Kirche an die Christengemeinde einsetzten.

78. Ansicht der drei Kirchen von Kalyviani.

79. Christus. Wandmalerei in der alten Kirche von Kalyviani.

80. Hodegetria. Museum Kalyviani.

KLOSTER KALYVIANI

Das Kloster Kalyviani ist ein besonderes Beipiel eines Klosters, das Glauben und mönchisches Leben mit wohltätigen Zwecken und der Unterstützung der Bedürftigen gleichsetzt. Es liegt unweit des Ortes Moires im Gebiet Kalyvia in der Mesara-Ebene und ist 59,8km von Irakleio entfernt (Abzweigung bei km 59 der Nationalstraße Irakleio-Tympakio, das Kloster liegt etwa 500m von der Nationalstraße entfernt).

Die Gebäude des Klosters sind relativ neu und erinnern mehr an ein ruhiges Dorf mit Grün, Blumen und modernen Bauten. Das hängt damit zusammen, daß das Kloster nach 1960 hier in einem Dorf mit vielen klösterlichen und religiösen Erinnerungen erbaut wurde. Vor vielen Jahrhunderten bestand hier ein Kloster. Doch seine Spuren verschwanden im Lauf der Zeit und Mitte des 19.Jhs. gab es in Kalyviani nur noch eine kleine verfallene Kirche, Ruinen und grasüberwachsene Gräber. Das alte unbekannte Kloster bestand in der Zeit der Venezianerherrschaft und seine Gründung dürfte in die byzantinische Zeit zurückgehen. Die einzigen Zeugnisse, die uns helfen, die klösterliche Präsenz in dieser Gegend zu datieren, ist die alte Kirche und ihre Wandmalereien, die ins 14.Jh. zurückgehen. In der Kirche sind noch einige alte Gräber zu erkennen. Die Mönche begruben gewöhnlich ihre Mitmönche in der Klosterkirche, damit sie sich auf ewig in der weihevolle Umgebung befänden, in der sie fast ihr ganzes Leben verbracht hatten. Diese Gräber lassen keinen Zweifel über die klösterliche Vergangenheit des Gebiets. Auch rund um die kleine überwölbte Kirche von Kalyviani hat man Dutzende von Gräbern gefunden, die in das Erdreich eingetieft worden waren. Die heute dort lebenden Nonnen haben zwei dieser Gräber gepflegt, die unwiderlegbare Zeugen einer unbekannten Vergangenheit darstellen. Der heutige Besucher kann diese Gräber in der ebenfalls sehr kleinen Kirche Osios Charalampos sehen. Diese Kirche wurde erst vor wenigen Jahrn innerhalb der Klostermauern zu Ehren eines Lokalheiligen errichtet, der während der Türkenherrschaft in Kalyviani lebte.

Über das alte Kloster, das in Kalyviani bestand, gibt es keine Informationen, kein Zeugnis, keine Urkunde. Es ist unbekannt, wie es hieß, wie viele Mönche es hatte. Seine Spuren verloren sich mit seiner Zerstörung, durch Verfall oder durch barbarischen Überfall. Die von mir in der Gegend durchgeführte Untersuchung läßt mich annehmen, daß das alte Kloster zerstört wurde, als die Türken 1646 dieses Gebiet angriffen und eroberten. Anders ist es nicht erklärlich, daß das gesamte Gebiet um Kalyviani Türken gehörte.

Nach der Katastrophe von 1646 besetzten die Türken das umliegende Gebiet, nicht jedoch die Kirche, in der manchmal Gottesdienste abgehalten wurden, und die alten Zellen, die von Zeit zu Zeit vereinzelte Eremiten beherbergten. Bis 1821 kümmerten sich die Osmanen nicht um die Kirche. In jenem Jahr jedoch erhoben sich die Kreter und kämpften mit Leib und Seele für ihre Freiheit. Die Rache war grausam. Die Türken zerstörten ganze Dörfer, ermordeten Tausende Kämpfer, Frauen und Kinder, brannten Kirchen und Klöster nieder. Die Geschichte von Kalyviani als Kirche und Wallfahrtsort nahm 1821 ein Ende. Und bis 1865 blieb der Ort verlassen. Die Türken, die in der Nähe wohnten, benutzten die Kirche als Viehstall. 1865, ein Jahr vor dem großen Aufstand, fanden Christen in der Kirche eine alte Ikone der Gottesgebärerin. Das Ereignis erschütterte die versklavten Kreter. Die Ikone wurde als wundertätig angesehen und Tausende von Gläubigen kamen aus ganz Kreta zu diesem Wallfahrtsort. Dies mißfiel den Türken. Sie zwangen die Kranken, stundenlang in der brennenden Sommersonne zu stehen und erlaubten ihnen nicht einmal sich unter den schattenspendenden Olivenbäumen auszuruhen. Doch je mehr Verbote die Türken erließen, desto so mehr Gläubige zog es nach Kalyviani! Die Bewohner der Umgegend beschlossen, einige kleine Räume herzurichten, damit sich die Pilger, die oft kilometerweit zu Fuß oder auf ihren Tieren anreisten, sich ausruhen könnten, doch erlaubten es die Türken nicht. Es begannen Verhandlungen mit den Großmächten der Zeit. Die Konsuln der europäischen Staaten und aus dem orthodoxen Rußland unterstützten die Rechte der Christen. Schließlich führte die Auseinandersetzung um Kalyviani zur Versetzung des türkischen Gouverneurs von Irakleio und nach Jahren des Zwistes begann sich eine Lösung anzubahnen.

Kalyviani war weiterhin ein bekannter Wallfahrtsort. In den ersten Jahrzehnten des 20.Jhs. wurde die Kirche allmählich zu klein für

78

79

80

die vielen Gläubigen. Und der leitende Mönch beschloß, eine größere und prächtigere Kirche neben der alten zu errichten. Es ist die heutige große Kirche der Gottesgebärerin, in der die wertvollste Zimelie des Klosters aufbewahrt wird: die alte Ikone, die 1865 gefunden wurde. Man kann sie rechts hinter dem Eingang auf einem besonderen Betstuhl sehen. 1957 beschloß der damals neue Bischof des Gebiets Timotheos, Kalyvinai zu neuem Aufschwung zu verhelfen. Er ließ neue Gebäude errichtet und begann, Nonnen ins Kloster zu rufen. Binnen weniger Jahre hatte sich die Zahl der Nonnen so erhöht, daß das Kloster zu einem der größten auf Kreta zählte. Und zusammen mit den Zellen wurden eine Schule, ein Waisenhaus, ein Altenheim, eine Werkstatt für Web- und Stickarbeiten, eine Druckerei für die Herausgabe von kirchlichen Periodika und Büchern u.a. errichtet. Der Gründer des Klosters wurde 1978 Erzbischof von Kreta. Die wohltätige Arbeit des Kloster wurde auch unter seinem Nachfolger Kyrillos fortgesetzt.

In den letzten Jahren hat der Archimandrit und Priester des Kloster Nektarios Paterakis die Bauten des Klosters um ein Museum für Kirchen- und Volkskunst ergänzt. Man kann dort sehr seltene Gegenstände sehen, die mit viel Mühe zusammengetragen wurden: bzyantinische Ikonen, liturgisches Gerät, Holzschnitzereien, Volkskunstgegenstände, alte Webstoffe, Paramente, kretische Trachten u.a.

Das Kloster feiert des 15.August. Selbst heute noch ist es eines der bedeutendsten religiösen Zentren Kretas.

Unweit von Kalyviani gibt es zwei alte Klöster, die heute verlassen sind. Das eine liegt im Dorf Voroi, heißt Panagia Kardiotissa und seine Kirche besitzt reichen Wandmalschmuck. Die verlassenen Zellen sind heute noch zu sehen.

Das andere liegt am Eingang zum Antikengelände von Phaistos. Es heißt Agios Georgios Flandra oder Falanadra und wurde von den Türken während des Befreiungskampfes von 1821 zerstört. Wie ich in meinem zweibändigen Werk 'Klöster und Einsiedeleien auf Kreta' (grch.) nachgewiesen habe, wurde dieses Kloster ursprünglich von Johannes dem Fremden gegründet, eine bedeutenden Lokalheiligen, der nach 961 auf Kreta wirkte.

Wenn man Phaistos besucht, sollte man auf jeden Fall auch die mit Wandmalereien ausgeschmückte Kirche Agios Pavlos in dem

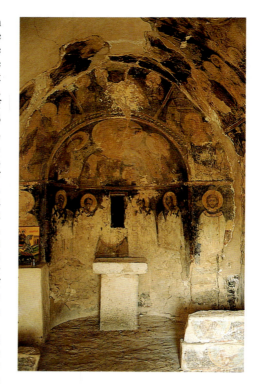

81

82

83

nahen Dorf Agios Ioannis besichtigen. Es handelt sich um eine schöne Kirche aus dem 14.Jh. mit Kuppel und interessanten Darstellungen der Höllenstrafen. Die Wandmalereien stammen aus den Jahren 1303-1304. An der Stelle der Kirche stand früher ein christliches Baptisterium.

Am Fuß der Kuppel befindet sich die Stifterinschrift, in der man den Namen des Stifters Petros (S)oulis lesen kann sowie die Namen der byzantinischen Kaiser Andronikos Palaiologos, Irene Montferrat und ihres Sohnes Michael. Daneben gibt es in der Kirche schöne Darstellungen der Evangelisten. Der Ort erfüllt den Besucher mit besonderer Bewegung, denn hier verbinden sich die Erinnerungen aus dem fernen Altertum (gegenüber sieht man die Ruinen des minoischen Palastes) mit den ältesten christlichen Zeugnissen.

Von Phaistos aus fährt man weiter nach Süden. Im Antikengelände von Agia Triada steht die mit Wandmalereien ausgeschmückte Kirche Agios Georgios Galatas An der Kirche gibt es eine Inschrift aus dem Jahr 1302, wodurch belegt wird, daß sie eine der ältesten Kirchen mit Wandmalschmuck auf Kreta ist. An ihrer Stelle gab es eine ältere Kirche, wie noch an den

81. Der Altarraum der Kirche Agia Triada, im Antikengelände von Agia Triada.
82. Das Kloster Kardiotissa bei Voroi.
83. Die Kirche Agios Pavlos im Dorf Agios Ioannis in der Mesara-Ebene. Sie wurde an der Stelle eines alten Baptisteriums erbaut.
84. Die Kirche Agia Triada (Antikengelände Agia Triada).
85,86. Kirche Agia Triada. Details von Wandmalereien.

87

erhaltenen Spuren der Mauersockel zu sehen ist. An der nördlichen Außenmauer der Kirche sieht man ein Grab mit einer überwölbten Nische und einer Platte mit einer Reliefdarstellung des zweiköpfigen byzantinischen Adlers und einer Inschrift mit der Jahreszahl 1581.

KLOSTER ODIGITRIA

Es handelt sich um ein bedeutendes Kloster, dessen Geschichte die Geschichte vieler kleiner Klöster und Einsiedeleien miteinander verwebt. Es liegt 70km von Irakleio entfernt. Man nimmt bei km 61 der Straße Irakleio-Matala die Abzweigung nach links, fährt durch das Dorf Siva und nimmt dann einen 8km langen befahrbaren Feldweg, der zum Kloster führt. Man kann Siva aber auch erreichen, indem man die Straße, die nach Phaistos und Agios Ioannis führt, weiterfährt.

Die Gegend von Odigitria erinnert an eine biblische Landschaft. Sie ist trocken und unfruchtbar, ohne Siedlungen und große Dörfer. Eine Landschaft, wie geschaffen für asketische Zurückgezogenheit. Es gibt in der Gegend viele byzantinische Monumente, doch führen zu ihnen nur schlecht befahrbare Feldwege und Fußpfade. Am nächsten gelegen ist die Kirche Agios Ioannis in Lagkos mit interessanten Wandmalereien, darunter auch einer sehr schönen Ikone Johannes' des Täufers an der Südwand der Einraumkirche. Diese Kirche ist nur etwa 1km vom Kloster entfernt.

Wenn man den Klosterbezirk betritt, sieht man vor sie die Kirche der Gottesgebärerin und rechterhand einen großen Wehrturm, der die ganze Gegend beherrscht. Solche Türme

88

87. Kloster Odigitria in der Mesara-Ebene. Zu sehen ist der Wehrturm. Fotografie: Giannis Froudarakis.
88. Figur eines Mönchs. Kloster Odigitria in der Mesara.
89. Der Heilige Phanurios, Detail von einer Ikone aus dem 15.Jh. Heute in der Kirche Agia Aikaterini, Irakleio.
90. Johannes der Täufer. Wandmalerei von der Kirche Agios Ioannis in Lagkos, unweit des Klosters Odigitria, zu dem die Kirche gehört.

besaßen die abgelegenen Klöster des Mittelalters, damit die Mönche sich bei Angriffen dorthin flüchten konnten. Über dem Eingang sieht man Teile einer alten Pechnase. Wenn ein Angreifer sich dem Eingang näherte, wurde er durch diesen nach unten offenen Erker mit siedendem Öl oder flüssigem Blei übergossen, und so war der Turm praktisch uneinnehmbar. Der Turm von Odigitria zeigt, wie wichtig das Kloster in früheren Zeiten in dieser fast unbewohnten Gegend war.

Die Kirche besitzt eine eigenartige Gestalt aufgrund der vielen Annexe, die dem ursprünglichen Bau nach und nach hinzugefügt wurden. In dem kleinen alten Kirchlein, das man am Haupteingang erkennen kann, haben sich Wandmalereien erhalten. Doch wurde sein Wandmalschmuck nie gesäubert, noch gänzlich freigelegt. Auf einer der Ikonen sieht man die Gottesgebärerin mit dem Kind, doch hält ihr der kleine Christus die Hand vor den Mund. Der Überlieferung nach sollen sich einmal dem Kloster Piraten genähert haben. Die Heilige Jungrau, die auf einer Ikone des Templon dargestellt war, öffnete ihren Mund, um die Mönche zu warnen. Doch Christus, der wußte, daß die Mönche nicht nach den monastischen Regeln lebten, verschloß ihr den Mund, so daß sie nicht rufen konnte. Solche Legenden kann man in ganz Griechenland hören, doch hier auf Kreta scheinen sie auf besondere Weise Geheimnisse der Vergangenheit in sich zu schließen.

An der Südseite der Kirche, genau dort, wo sich heute der Eingang befindet, sieht man die Ruinen eines anderen Kirchenschiffs und in diesem ein Grab mit einer reliefierten Deckplatte. Es ist nicht bekannt, wer Aloïsios Trivizanos, so die Grabinschrift, war. Das heute verfallene Schiff war dem Heiligen Phanurios geweiht.

Das Kloster Odigitria war ein Zentrum für die Verbreitung der Kunstströmungen, die von Konstantinopel aus Kreta erreichten. Die Wandmalereien seiner Kapellen und der nahegelegenen Kirche sind hervorragend und umfassen einen großen Zeitraum (verschiedenen Phasen der Bemalung). Das Kloster ist sehr alt. Seine Dependance an der Stelle Agioi (etwa 3-4km vom Kloster entfernt, aber die Straße ist nicht besonders gut) war früher ein selbständiges Kloster, das 961 der Heilige Johannes der Fremde gegründet hatte. Der Heilige, der aus dem nahegelegenen Dorf Siva stammte und auf Kreta viele Klöster gegründet hat, war ein sehr gebildeter Mann und stand selbst mit dem byzantinischen Kaiser in Kontakt. Er gründet das Kloster in Agioi, um drei Lokalheilige zu ehren, die in der Gegend gewirkt hatten. An der Stelle des alten Klosters in Agioi haben sich eine Höhlenkirche und die Ruinen der Gebäude erhalten.

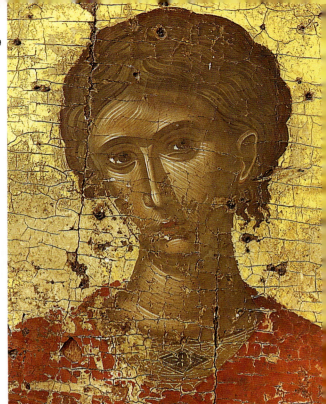

Während der Zeit der Türkenherrschaft spielte das Kloster Odigitria eine äußerst bedeutende Rolle. Es beherbergte Aufständischengruppen und einzelne Widerstandskämpfer. Vor 1821 lebte dort ein sehr tatkräftiger Mönch namens Ioasaf. Er hielt in einer Hand das Evangelium und in der anderen die Waffe. Er ist einer der bedeutendsten kretischen Helden. Er kämpfte in den Bergen. Und 1828 sandte die Türken eine ganze Armee aus, um ihn zu töten. Ioasaf verbarrikadierte sich im Turm des Klosters und kämpfte tapfer. Er tötete viele Türken, und als er keine Munition mehr hatte, kletterte er in den Hof hinunter und kämpfte mit seinem Schwert. Zum Schluß wurde er getötet und das Kloster zerstört. Während der ganzen Zeit der Türkenherrschaft war das Kloster für die nationale Sache tätig.

Heute leben in dem Kloster zwei Mönche.

AGIOFARANGO (SCHLUCHT DER HEILIGEN) - EINSIEDELEIEN

Nach dem Besuch des Odigitria-Klosters sollte man sich eine kleine Wanderung durch die eine der heiligsten Stätten Kretas nicht entgehen lassen. Man fährt mit dem Auto noch etwa drei Kilometer den Weg weiter, der nach Kaloi Limenes führt, und läßt dann das Auto stehen. Rechts des Weges liegt der Eingang zur Schlucht der Heiligen, die bis ans Libyschen Meer führt. Selbst im Winter kann man hier Schwalben sehen, die in dieser Schlucht heimisch sind und aufgrund des milden Klimas nie in den Süden ziehen! Die alten Mönche sagten, daß die Schwalben die Seelen der Asketen der Heilgenschlucht seien. Um zu Fuß ans Meer zu gelangen, braucht man etwa 45 min. und nocheinmal soviel für den Rückweg. Am Anfang ist der Weg eben, wird dann aber steiler. Überall gibt es Höhlen, in denen seit der byzantinischen Zeit bis Anfang diese Jahrhunderts Eremiten lebten, Menschen, die sich den größten Entbehrungen unterwarfen und ihr Leben ganz dem Gebet weihten. Einige der Höhlen sind zugänglich und können besichtigt werden, andere liegen an steilen Hängen. Selbst dort sollen Eremiten gelebt haben. Kurz bevor man das Meer erreicht, trifft man auf die herrliche Kirche Agios Antonios. Es ist eine Kuppelkirche, die vermutlich im 14.Jh. errichtet wurde. Ihre Architektur und Bauweise sind bewunderswert. Ihr Altarraum ist Teil einer kleinen Höhle. Früher besaß sie Wandmalereien,

91. Agiofarango, die Heiligenschlucht. Ein Baum-Eremit in der Schlucht der Asketen und Heiligen.
92. Die Lebensspendende Quelle. Ikone des Malers Angelos (15.Jh.).

93. Wandmalerei aus der Kirche Agios Ioannis des Klosters Odigitria.
94. Panagia Gorgoepikoos. Kirche mit Wandmalereien, Katholikon eines alten Klosters in der Nähe von Kaloi Limenes.

die sich aber nicht erhalten haben. Neben der Kirche kann man die Zelle der letzten Asketen sehen. Etwas weiter unten auf der linken Seite der Schlucht liegt eine große Höhle, die Goumenospilios (Höhle ='spilio' des Abtes ='(i)goumenos'). Ohne Führer ist sie nur sehr schwer zu finden. Der Eingang ist sehr niedrig, doch wenn man die Höhle betritt, wird man von der heiligen Ehrfurcht der lokalen Überlieferungen ergriffen. Die Höhle, eine antike Kultstätte, wird durch eine Öffnung in der Decke erhellt. Es wird erzählt, daß sich hier ein oder zwei Mal im Jahr die 300 Asketen der Gegend versammelten. Nur dort konnten sie erfahren, ob jemand in der Zeit seit ihrem letzten Treffen gestorben war...

KLOSTER APEZANES

Es ist ein weiteres bedeutendes Kloster Kretas mit wichtigem Beitrag zur kulturellen Entwicklung der Region. Es liegt 63,3km von Irakleio entfernt. Um dort hinzugelangen, nimmt man die Straße Irakleio-Tympakio, biegt bei der Abzweigung nach Gortyna in Richtung der Dörfer Platanos und Plora ab und fährt dann weiter bis zum Kloster Apezanes.

Das Kloster liegt inmitten hoher Bäume. Es war ursprünglich ein Festungskloster mit einem Wehrturm, von dem nur noch Überreste zu sehen sind. An der Nordseite des Klosterkomplexes kann man den alten überwölbten Eingang sehen. Die Kirche Agios Antonios (17.Januar) ist ein Bau aus dem 19.Jh. 2-3 Kilometer von dem Kloster entfernt, liegt die Kapelle Agia Paraskevi. Früher bestand dort ein kleines selbständiges Kloster. Heute wird der Ort von einer riesigen Eiche beherrscht, die als heilkräftig gilt. Auch hier überlebt also der alte Kult der heiligen Bäume. An der Wurzel des Baums gibt es eine Ikone der Heiligen Paraskeue und unter dem Baum verbrennen die Pilger oft Weihrauch. Die Gläubigen gehen zu dem Baum, um von verschiedenen Leiden erlöst zu werden.

Das Kloster Apezanes ist ziemlich alt. Im 16. und 17.Jh. war es eine Stätte, an der Wissenschaft und Kunst gepflegt wurde. Es hatte eine eigene Schule und viele gelehrte Mönche auf Kreta haben eine Zeit lang dort als Mönch gelebt oder waren Abt des Klosters. Der bekannte Patriarch von Alexandreia Meletios Pigas soll dort seine Mönchstonsur erhalten haben. Als Patriarch jedenfalls stand Meletios

Pigas mit dem Abt von Apezanes Arsenios Maritzis in Briefkontakt.

Der Arzt Onorio Beli aus Venedig besuchte 1586 das Kloster und lobte die Gastfreundschaft der Mönche und bemerkte auch, daß die Einkünfte des Klosters gewaltig seien und daß es dort den besten Wein der Welt gebe!

Nach der Eroberung Kretas durch die Türken begann der Niedergang des Klosters. Es fehlten die gelehrten Mönche und die herausragenden Kirchenpersönlichkeiten, und so verkümmerte auch das geistige Leben im Kloster. In seiner Bibliothek gab es noch immer die alten Handschriften, die jedoch niemandem mehr nützten. Über den Umfang der Bibliothek gibt es keine genauen Informationen; bekannt ist jedoch aus verschiedenen Quellen, daß im 18. und 19.Jh. viele Reisende und andere sich bemühten, Teile dieser Bibliothek zu erwerben. Auch heute noch verfügt das Kloster über eine Bibliothek mit vielen alten Handschriften.

KLOSTER KOUDOUMAS

In einer hübschen Bucht an der Südküste Kretas, zwischen Höhlen von Eremiten und Erinnerungen an Heilige der Orthodoxie ist das Kloster Koudoumas erbaut. Es ist nicht leicht erreichbar. Man folgt zunächst der Straße Irakleio-Tympakio, zweigt dann nach dem Dorf Agioi Deka bei km 44 nach links ab, fährt durch die Dörfer Platanos-Plora-Sternes und folgt dann einer schwer zu befahrenden Straße, die zu den

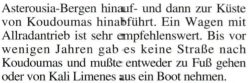

Asterousia-Bergen hinauf- und dann zur Küste von Koudoumas hinabführt. Ein Wagen mit Allradantrieb ist sehr empfehlenswert. Bis vor wenigen Jahren gab es keine Straße nach Koudoumas und mußte entweder zu Fuß gehen oder von Kali Limenes aus ein Boot nehmen.

Klöster und Einsiedeleien gab es in der Gegend bereits seit der byzantinischen Zeit. Das heutige Kloster Koudoumas wurde erst Ende des 19.Jhs. erbaut. An seiner Stelle gab es nur die Ruinen eines vergessenen Kloster, von dem niemand mehr den Namen wußte, noch welchem Heiligen es geweiht war. Im 14.Jh. gab es zwar in der Gegend ein Kloster Koudoumas, doch ist unbekannt, ob es an der Stelle des heutigen Klosters oder irgenwo in seiner Nähe lag.

Stifter des Klosters waren die Seligen Parthenios und Evmenios, zwei kretische Mönche, die aufgrund ihrer Tugend und ihrer Werke seliggesprochen wurden. Nachdem sie an der Südküste Kretas herumgewandert waren, um

95. Teil des Wandmalschmucks in der Höhlenkirche Agios Nikitas in Maridaki in der Nähe des Dorfes Achentria. Bis in die ersten Jahrzehnte des 20. Jahrhunderts lebten dort noch Asketen.
96. Christus. Tragikone aus der Kirche Panagia Gorgoepikoos. Heute in der Kirche Agia Aikaterini, Ikraleio.
97. Kloster Apezanes. Ansicht der Kirche Agios Antonios.
98. Kloster Apezanes. Ansicht der Kirche Agios Antonios.

einen geeigneten Ort für die Askese zu finden, erbauten sie 1870 das Kloster. Ihr Ruhm verbreitete sich schnell über ganz Kreta und viele Mönche und Pilger strömten nach Koudoumas. Anfangs reichten die Zellen nicht aus und viele Mönch lebten in den umliegenden Höhlen. Heute leben dort drei Mönche.

Bei einem Besuch von Koudoumas sollte man auf jeden Fall auch die umliegenden Denkmäler kennenlernen. Auf einem Fußpfad, der vom Kloster aus nach Westen führt, erreicht man nach 45min. die Höhle des Heiligen Antonios. Die Kirche des Heiligen der Mönche ist ganz in der Höhle erbaut. Wenn man etwas weiter in die Höhle hineingeht, kann die Zisternen sehen, in denen das Wasser von den Stalaktiten gesammelt wird. Von den Bewohnern der Umgegend wird dieses Wasser als wundertätig angesehen. In früheren Zeiten wurde die Höhle Agios Antonios von Asketen bewohnt. Wenn man auf dem Pfad weiter nach Westen geht, erreicht man nach 45min. das alte Kloster Agios Ioannis. Auch hier ist das Katholikon eine Höhlenkirche mit ausgezeichneten Wandmalereien. Ein erhaltene Inschrift besagt, daß die Kirche 1360 erneuert wurde. Es wird sogar erwähnt, daß die Kirche

unter den Kaisern Johannes und Helene Palaiologos erneuert und ausgeschmückt wurde. Wenn auch Kreta von den Venezianern besetzt war, so sahen doch die Kreter, wie bereits erwähnt, die Kaiser von Byzanz als ihre Könige an. In derselben Inschrift ist ferner der Name des antiken Heilgottes Asklepios angeführt. Es handelt sich um Überreste des antiken Kultes, und es ist bekannt, daß es an der Südküste Kretas viele Heiligtümer des Asklepios gab.

99. Das Kloster Koudoumas.
100. Neofytos. Der letzte Eremit in den Asterousia-Bergen.
101,102,103. Wandmalereien aus der Kirche Panagia Kapetaniana, in der Nähe des Kofinasgipfels in den Asterousia-Bergen.
Die Kirche war das Katholikon eines alten Klosters.
104. Das Kloster Arvi bei Viannos.
105. Deesis. Ikone des Malers Angelos. 15.Jh. Kloster Viannos.

Route 4: Irakleio - Viannos
KLOSTER ARVI

In der Gegend von Viannos gab es seit der byzantinischen Zeit Klöster, deren Kirchen auch in den folgenden Jahren erhalten blieben. Ruinen alter Klöster kann man noch heute sehen, und ein sehr typisches Beispiel ist das Kloster Kyralimeniotissa, das in der Nähe des

106

107

108

Fischerdorfes Psari Forada liegt (etwa 85km von Irakleio). Der Überlieferung nach soll das Kloster aufgrund der Piratenüberfälle aufgegeben worden sein. Andere verfallene Klöster liegen in der Nähe von Viannos und Keratokampos. Das Kloster von Viannos gehört zu den ältesten noch bestehenden Klöstern der Gegend. Es war ein bedeutendes künstlerisches und religiöses Zentrum des Gebiets. In seinem Katholikon werden zwei bemerkenswerte Ikonen des bekannten kretischen Malers Angelos aufbewahrt, der im 16.Jh. lebte. Eine drei Kilometer lange Straße führt von Kato Viannos aus zum Kloster. Das andere Kloster, Agios Dimitrios in Keratokampos, ist heute unbewohnt. Erhalten haben sich das Katholikon und die Ruinen der alten Zellen, von denen einige vor Jahren wiederaufgebaut wrden und den Viehzüchtern der Umgebung als Unterkünfte dienen.

Das Kloster Agios Antonios liegt im

106,107. Das heute verlassene Kloster Agios Dimitrios im Gebiet Keratokampos bei Viannos.
108. Ansicht des Klosters Arvi.

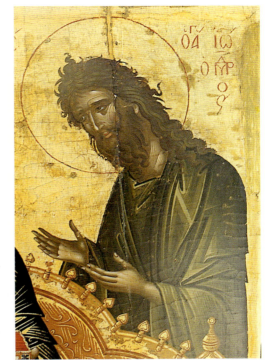

Küstenort Arvi (87km von Irakleio). Es ist neben der malerischen Arvi-Schlucht erbaut und an seiner Stelle soll in der Antike ein Zeustempel gestanden haben. Das Kloster ist nicht sehr alt. Es wurde Ende des 19.Jh. gegründet und erlebte sehr bald eine Blütezeit.

Es ist sehr hübsch am Hang des Berges gelegen und auf verschiedenen Niveaus erbaut. Heute lebt dort ein Mönch.

109. Kloster Keralimniotissa bei Psari Forada/ Viannos. Das Heiligentürchen.
110. Johannes der Täufer. Detail von der Deesis-Ikone des Malers Angelos (Kloster Viannos).
111. Ansicht des Katholikon des Klosters Agios Antonios in Arvi. (Fotografie von G. Froudarakis).

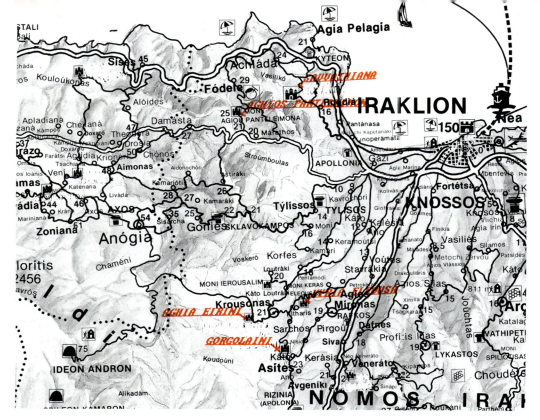

Route 5: Von Irakleio zu den Malevizi Dörfern

KLOSTER GORGOLAINIS

Oberhalb des Dorfes Ano Asites liegt in einer sehr grünen Landschaft das alte Kloster Agios Georgios Gorgoleïmonas oder Gorgolaïnis, wie es heute heißt. Es ist 24km von Irakleio entfernt. Es besteht bereits seit der Zeit der Venezianerherrschaft und zählt zu den Klöstern, die die Türkenherrschaft überlebten. Die ältere Geschichte des Klosters ist unbekannt. Es gibt keine Daten, die über Gründungsjahr und Werk des Klosters Auskunft geben könnten. Höchstwahrscheinlich wurde es im 16.Jh. gegründet, in der Zeit, als die venezianischen Oberherren die Gründung orthodoxer Klöster auf Kreta erlaubten. Seit jener Zeit bewahrte das Kloster ein bewunderswertes Beispiel der Bildhauerkunst, den Löwen des Quellbeckens. Aus seinem Maul lief seit Jahrhunderten das Wasser der unversiegbaren Quelle von Gorgolaïnis. 1991 jedoch stand eines Tages die Skulptur nicht mehr an ihrem Platz. Sie war gestohlen worden...

Während der Türkenzeit kam das Kloster in den Besitz vieler Dependancen, darunter viele

112. Kloster Agios Georgios Gorgolaïnis. Der Eingang des Katholikon.

kleinere Klöster der Gegend, die der Unterdrückung nicht standhalten und die hohen Steuern nicht aufbringen konnten. Bald erlebte das Kloster eine Blütezeit und war in der Lage, den kretischen Widerstandskämpfern Hilfe zu leisten. Während des Befreiungskampfes von 1821 zerstörten die Türken das Kloster, das einige Jahre lang leerstand. 1848 wurde es wiederbesiedelt. Seine Hilfeleistungen in den folgenden Aufständen des 19.Jhs. war noch bedeutender. Es wurde zum Schlachtfeld und zum Versammlungsort der Aufständischen. 1868 wurde dort in einer Schlacht Hauptmann Fragkias Mastrachas getötet. In Erinnerung an das Ereignis hat man im Klosterhof eine Büste von ihm aufgestellt.

Zu Beginn des 20.Jhs befand sich das Kloster im Zustand der Auslösung. 1957 wurden dort kirchliche Ferienlager und Pensionen eingerichtet. Es wurden neue Gebäude errichtet und das Kloster erwachte zu neuem Leben. Zu Beginn dieses Jahrzehns beschloß die kretische Kirche, das alte historische Kloster neuzugründen. Heute leben dort zwei Mönche.

KLOSTER AGIA EIRINI KROUSONAS

An einem Hang des Psiloreitis liegt das Nonnenkloster Agia Eirini. Ein christlicher Ort mit vielen Blumen und Grün und den Nonnen, die das Kloster pflegen. Es ist 25km von Irakleio entfernt und man erreicht es, wenn man auf der Straße, die durch das Dorf Krousonas führt, weiterfährt. Das Kloster wurde nach dem II.Weltkrieg gegründet, doch ist es kein neues Kloster. An seiner Stelle existierte ein altes Kloster, das jedoch 1822 zerstört wurde. Die Türken ermordeten damals alle Mönche. Und das Kloster verfiel. Es mußten mehr als 120 Jahre vergehen, bis die Ruinen wieder zu neuem Leben erwachten. Unter großen Mühen bauten die Nonnen das Kloster wieder auf. Und dabei fanden sie, im Erdboden vergraben und später vergessen, Kreuze und andere liturgische Geräte, die die alten Mönche vor 1821 benutzten. Diese Geräte werden heute im Kloster als Zimelien aufbewahrt. Es leben dort 25 Nonnen.

In der Nähe von Krousonas liegt noch ein weiteres Kloster, das heute aufgegeben ist. Es ist das Kloster Kyria Eleousa in Kitharida. Dieses Kloster liegt sehr nahe beim Dorf (Kitharida), von dem es nur durch ein Flußbett getrennt ist. Es war ein sehr altes Kloster, das mindestens seit der 2. byzantinischen Zeit auf Kreta bestand.

113. Kloster Agios Georgios. Der Altarraum.

Mitte des 19.Jhs. gab es dort eine der ältesten Schulen der Gegend.

KLOSTER SAVVATHIANA

Dieses bekannte Kloster liegt in einer landschaftlich wunderhübschen Gegend, mit riesigen Bäumen und üppiger Vegetation, mit schönem Blick und vielen Erinnerungen aus früheren Zeiten. Es ist 20km von Irakleio entfernt, doch wird die Straße nach dem Dorf Rogdia sehr schlecht. Es ist eines der vielen Klöster, die es im 17.Jh. in der Umgebung der Hauptstadt des von den Venezianern beherrschten Kreta, Chandax (dem heutigen Irakleio), gab. Während der Venezianerherrschaft hieß es "Kloster Kyr Savvatios" und taucht so in den Urkunden der Zeit auf.

Über die ältere Geschichte des Kloster gibt es keine ausreichenden Informationen. Die Überlieferungen sprechen von Piratenüberfällen, aufgrund derer die Mönche die an der Küste gelegenen Klöster verließen und beschlossen, sich in einer sicherern Gegend niederzulassen und das Kloster Savvathiana zu gründen.

Während der Zeit der Venezianerherrschaft war es ein sehr bekanntes Kloster. Und es scheint viele kleinere Klöster des Gebietes beherrscht zu haben. Viele von diesen Klöstern lagen an der Küste, wie beispielsweise das Kloster Agia Pelagia, das dort lag, wo sich der heutige Küstenort gleichen Namens befindet. Das Kloster Agai Pelagia war jahrhundertelang ein berühmter Wallfahrtsort und in der Zeit der Türkenherrschaft fanden dort die größten Kirchenfeste auf ganz Kreta statt. Als das Zentrum des orthodoxen Glauben und Wiege der monastischen Tradition in der Gegend muß die Höhlenkirche Agios Antonios angesehen werden, die unweit des Klosters liegt. Sehr wahrscheinlich gab es dort noch zwei weitere Klöster: das Katholikon des einen war die Kirche Agios Antonios und das des anderen die Kirche Theotokos. Die Theotokos-Kirche ist auch das Katholikon des heutigen Klosters. Die beiden Kirchen sind durch einen 200m langen Fußweg miteinander verbunden. Zwischen den beiden Kirchen fließt ein Bergstrom, an dessen Ufern viele Walnußbäume wachsen. Um bequemer von der einer Kirche zur anderen

114. Der Glockenturm des Klosters Agia Eirini Krousonas.

115. Die Gottesgebärerin. Ikone aus dem Kloster Kyria Eleousa in Malevizi.

116

gehen zu können, haben die Mönche in alter Zeit dort eine Steinbrücke gebaut, die sich bis heute erhalten hat; ebenso eine Inschrift mit der Jahreszahl 1596.

Unter den Äbten des Kloster Savvathiana war auch der bekannte Gelehrte der Zeit der Venezianerherrschaft Maximos Margounios. In jener Zeit blühte das Kloster, doch die türkische Eroberung (endgültig 1669) schuf eine Fülle von Problemen. Das Kloster wurde zerstört und verfiel, wie auch die anderen nahegelegenen Klöster in den 22 Jahren der unerbittlichsten Belagerung der Menschheitsgeschichte, der Belagerung des heutigen Irakleio (1647-1669). Die Mönche von Savvathiana kämpften gegen die Eindringlinge und wurden gefangengenommen, um als Sklaven nach Afrika geschickt zu werden. Erst nach vielen Jahren wurden sie aufgrund von Interventionen des Ökumenischen Patriarchats in Konstantinopel freigelassen. Sie kehrten in ihr Kloster zurück, das sie ausgeraubt und verfallen vorfanden. Sie bauten das Kloster wieder auf und nahmen auch die Ruinen der umliegenden kleinen Klöster in Besitz. Heute kann man die Ruinen solcher Klöster in der malerischen Almyros-Schlucht sehen, die in der Nähe der Almyros-Quelle liegt, bevor man nach Rogdia und zum Kloster Savvathiana hinauffährt.

Diese tragischen Umstände führten dazu, daß das Kloster jahrhundertelang sehr arm war. Doch gaben die Mönche nicht auf. Ohne Mühen zu scheuen, bauten sie das alte historische Kloster wieder auf. Die finanziellen Probleme setzten sich während der Türkenzeit fort. An den Aufständen von 1821 und 1866 nahmen auch die Mönche von Savvathiana teil. Einer der tafersten Kämpfer von 1866, Evmenios Vourexakis, war Diakon im Kloster und fiel in der Schlacht von Almyros. Sein Grab befindet sich neben der Theotokos-Kirche von Savvathiana zusammen mit dem Grab von Iraklis Kokkinidis, einem anderen bedeutenden Kämpfer.

Im Kloster Savvathiana wurde vor 1770 eine Ikone von großer künstlerischer Bedeutung geschaffen. Die Ikone "Groß bist du, Herr", von der es eine Zwillingsikone im Kloster Toplou gibt. Es sind Werke von einunddemselben Maler. Von Ioannis Kornaros. Bis vor wenigen Jahren war nur die Ikone von Toplou bekannt. Die Ikone von Savvathiana war zwar in einer

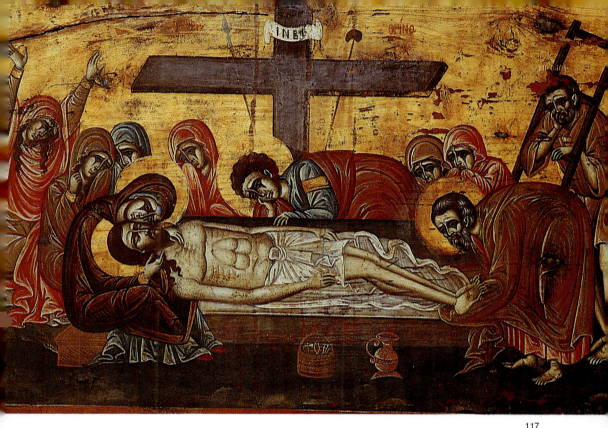

alten Urkunde erwähnt, doch glaubte man sie verschollen. 1991 übergaben die Nonnen des Klosters dem archäologischen Dienst eine von der Zeit geschwärzte Ikone und bei ihrer vorsichtigen Säuberung entdeckte man Teile der schönen vielfigurigen Ikone von Ioannis Kornaros!

Mit dem Ende des 19.Jhs. begann die Zahl der Mönche zu schrumpfen und nach 1945 ließen sich dort Nonnen aus einem Frauenkloster auf dem Peloponnes nieder. Die Nonnen traten an die Stelle der altgewordenen Mönche. Heute leben dort 16 Nonnen.

116. Das Kloster Savvathiana, umgeben von üppigem Grün.
117. Kreuzabnahme (17.Jh.). Ikone aus dem Kloster Savvathiana. Heute im Historischen Museum Kreta.

KLOSTER AGIOS PANTELEIMONAS FODELE

Dieses kleine Kloster liegt an einer landschaftlich sehr schönen Stelle oberhalb des Dorfes Fodele. Die Bäume, der Ausblick und das angenehme Klima schaffen eine sehr schöne Atmosphäre, die nur überschattet wird vom Anblick der Ruinen und der Gebäude, die die Unwissenheit niederriß... Das Kloster ist 31km von Irakleio entfernt. Die letzten drei Kilometer der Straße (nach Fodele) sind nicht asphaltiert, doch führt der Weg an endlosen Orangenhainen und einem übergrünen Berghang vorbei.

Die Geschichte des Klosters ist verflochten mit den Piratenüberfällen des Mittelalters. Bis dahin gab es viele Klöster an dem Küstenstreifen zwischen Irakleio und Rethymno. Eines davon war das Kloster Agios Antonios an der Stelle Galinous. Der Überlieferung nach überfielen die Piraten dieses Kloster und plünderten es, und die Mönche, die sich retten konnten, flüchteten nach Fodele und gründeten dort das Kloster Agios Panteleïmonas, weil dort die Gebäude vom Meer aus nicht gesehen werden konnten und sie hofften, so einem neuen Überfall entgehen zu können. Doch scheint das nur zum Teil der historischen Wahrheit zu entsprechen, da das Kloster Agios

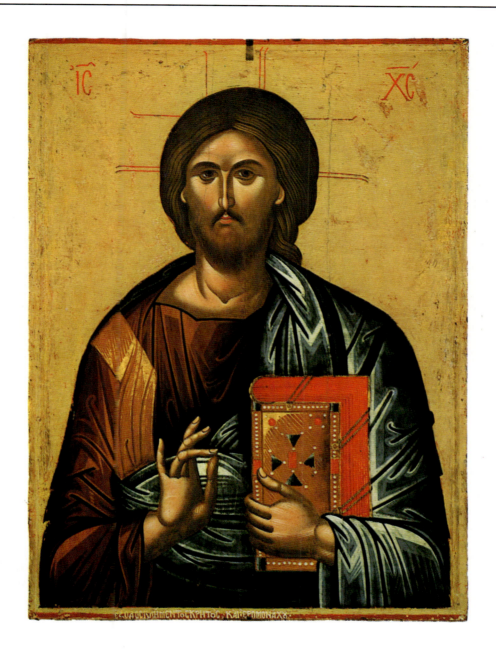

118. Der Abt des Klosters Agios Panteleïmonas in Fodele.
119. Christus. Ikone des Malers Evfrosynos. Weihgabe des Abtes von Kavalara Klimis Gaïtanis in das Klosters Dionysios auf dem Berg Athos.

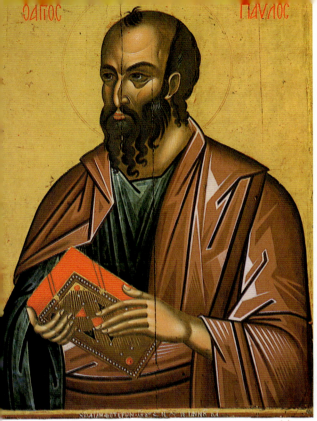

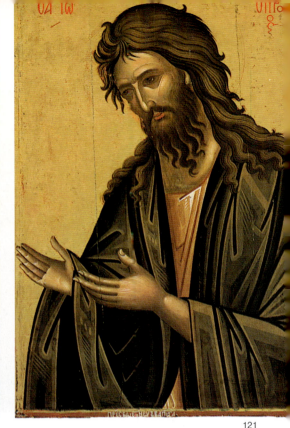

120

121

Panteleïmonas bereits vor seiner angeblichen Gründung durch die Mönche von Agios Antonios bestand.

Auf ihrem Vormarsch von Rethymno nach Irakleio im Jahr 1646 zerstörte die türkische Armee das Kloster. Wenige Jahre später wurde es wiederaufgebaut. In der Zeit der Türkenherrschaft verfügte es über ein großes Vermögen und was das religiöse und wirtschaftliche Zentrum des Gebiets.1824 wurde es zum zweiten Mal von den Türken zerstört. Im Aufstand von 1866 wurde es zu einem Krankenhaus umfunktioniert, um die verwundeten Kämpfer zu pflegen. In diesem Aufstand tat sich der Abt des Klosters, Neofytos Pediotis hervor, der drei Mal von einem türkischen Schwert am Kopf getroffen wurde, aber nicht aufgab. Er kämpfte weiter und konnte noch ein freies Kreta erleben. Und nach 1900 besuchte ihn Prinz Georgios von Griechenland (Regent von Kreta) persönlich, um ihm für seine Dienste zu danken. Heute lebt ein Mönch in dem Kloster.

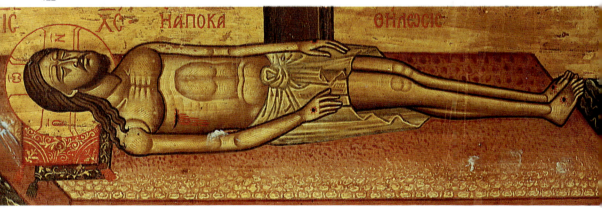

122

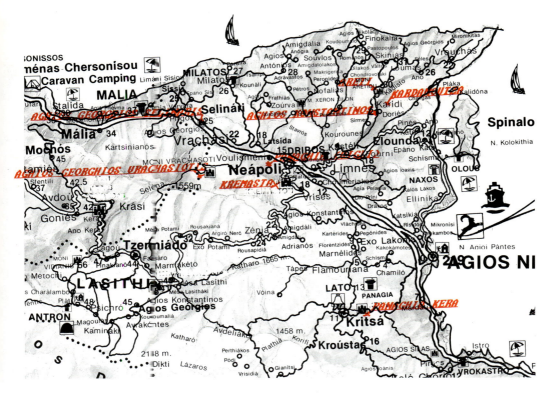

Route 6: Irakleio - Agios Nikolaos
KLOSTER AGIOS GEORGIOS SELINARI
KLOSTER AGIOS GEORGIOS VRACHASIOTIS

Direkt neben der Nationalstraße Irakleio-Agios Nikolaos (km 42) liegt das Kloster Agios Georgios Selinari.

Die Landschaft ist hier bergig und sehr abwechslungsreich. Die ruhige Wildheit dieser Gegend erklärt auch, warum die Asketen und Mönche diesen Ort auswählten. Bereits seit der byzantinischen Zeit gab es Klöster in den umliegenden Bergen und auch weiter unten in der Nähe der Küste. Wenn man vom Kloster aus auf die gegenüberliegenden Berge schaut, sieht auf einem Bergipfel ein großes Holzkreuz, das im Winter oft von Nebel und Wolken eingehüllt ist. Das Kreuz zeigt den Ort, an dem ein Asket lebte und starb. Sein Grab liegt in einer sehr schwer zugänglichen Höhle. Er lebte dort unter großen Entbehrungen, nährte sich nur von Wurzeln und Beeren und widmete sich ausschließlich dem Gebet.

Das heutige Kloster Agios Georgios wurde 1961 gegründet. An seiner Stelle gab es ein älteres Kloster, von dem aber heute nichts bekannt ist! Die letzten Mönche des alten Klosters lebten im 19.Jh., einer Zeit, in der Kreta von den Türken unterdrückt wurde, und die Unterbrechung der historischen Entwicklung aufgrund der Tatsache, daß das Kloster lange Jahre leer stand, führte dazu, daß heute nicht über seine Tradition und Geschichte bekannt ist. Seit den ersten Jahrzehnten des 20.Jhs. ist die Kirche Agios Georgios ein bekannter Wallfahrtsort. Niemand fuhr über die alte Straße von Selinari, ohne anzuhalten und in der Kirche vor der Ikone des Heiligen Georg eine Kerze anzuzünden. Dieses Phänomen wurde zu einem Brauch und unter den Besuchern der Kirche waren selbst Könige und Regenten und bekannte Persönlichkeiten aus Griechenland und dem Ausland. In jenen Jahren war die Straße schmal und ziemlich steil. Neben der Straße öffnete sich eine große, furchterregende Schlucht. Und die

120, 121. Apostel Paulus und Johannes der Täufer. Weihgaben des Abtes Klimis Gaïtanis in ein Kloster auf dem Athos.

122. Kreuzabnahme. Ikone aus dem Kloster Agios Panteleïmomnas in Fodele.

123. Detail von dem schönen, holzgeschnitzten Templon im Kloster Agios Georgios Vrachaziotis.

124. Unter den Votivgaben, die die Gläubigen an die Ikone der Heiligen Jungfrau hängten, ist auch auch ein Zopf aus Frauenhaar. (Kirche Theotokos in Perampela, Katholikon eines alten Klosters).

ehrfurchtgebietende Landschaft wurde Glaube und Gebet. In den Zeitungen standen Hunderte von Artikeln über Selinari, die Wunder und andere erstaunliche Ereignisse.

1963 gründete Metropolit Dimitrios dort ein Altenheim für die mittellosen Alten seines

125

126

127

128

Amtsbereichs. Selinari wurde zu einem Ort wohltätiger Werke. Heute leben dort drei Mönche.

Oberhalb von Selinari haben sich an einem Hang des Dikti-Berges die Ruinen eines anderen Klosters erhalten. Des Klosters Agios Georgios Vrachasiotis. Selbst heute noch bezeugen die Gebäude und Ruinen seinen einstigen Ruhm. Von dem Dorf Vrachasi führt ein Feldweg dorthin.

Das Kloster Vrachasiotis blühte in der Venezianerzeit, verfiel jedoch in den Jahren der Türkenherrschaft. Mitte des 19.Jh. wurde das holzgeschnitzte Templon geschaffen, das eines der schönsten auf Kreta ist. Es ist ein wunderschönes Beispiel religiöser Volkskunst mit Themen aus der orthodoxen Tradition. Beachtenswert ist ebenfalls die schöne Relieffigur des Heiligen Georg auf grauem Marmor in einer Inschrift am Glockenturm. Der Glockenturm, der freisteht, ist ein Beispiel für den lateinischen Einfluß auf Kreta im 16.Jh.

Wenn man die Kirche innen besichtigen möchte, muß man sich an den Priester im Dorf Vrachasi wenden. Man kann den Priester bei dieser Gelegenheit auch um eine kleine Führung bitten, bei der man einige Ikonen sehen kann, die typisch sind für die byzantinische Kunst, wie sie sich auf Kreta nach der Eroberung Konstantinopels ausformte.

Route 7: von Agios Nikolaos nach Merampello

KLOSTER KREMASTA - KLOSTER PANAGIA STO VIGLI - PANAGIA KERA KRITSA

In Denkmälern im Gebiet von Neapoli (Lasithi) haben sich Wandmalereien aus dem 13., 14. und 15.Jh. erhalten, die typisch sind für die kretische Kunst der Zeit. Diese Monumente liegen nicht weit von der Stadt entfernt und sind bequem zu erreichen. Das Kloster Panagia sto Vigli oder Vigliotissa ermöglicht eine Bekanntschaft mit der Malerei, vermutlich des 13.Jhs., wie sie ein unbekannter Künstler ausdrückte, der sich zwar an der byzantinischen Tradition orientierte, gleichzeitig aber auch zu eigene Ausdrucksformen zu gelangen suchte. Zu den Wandmalereien im Kloster Vigliotissa zählen die Beweinung Christi mit Maria, die sich über den Leichnam beugt, und Maria Magdalena mit der typisch byzantinischen Trauergestik. In einer anderen Szene sieht man Maria im frühen Kindesalter und die Heilige Anna, die ihr nachschaut. An der Westwand sind ruhige Figuren der byzantinischen Kunst und die Propheten Elias und Elischa zu sehen. Auch die Architektur der Kirche ist interessant (kreuzüberdeckt in Form des freien Kreuzes ohne Kuppel), ebenso die Inschrift mit der Jahreszahl 1605 über dem Westeingang. Vigliotissa ist ein altes Kloster. Die lokalen Legenden erzählen, daß dort einst ein Mönch namens Strianis lebte. Um die Kirche zu besuchen, nimmt man einen kurzen befahrbaren Weg von Neapoli aus. Man sollte am besten die Einwohner nach dem genauen Weg fragen.

Das Kloster Kremasta ist eines der kretischen Klöster, die in den letzten Jahrzehnten der Venezianerherrschaft blühten. Es liegt in knapp 2km Entfernung oberhalb von Neapoli. Auf der Fahrt dort hinauf hat man einen wunderschönen Blick. Das Kloster ist ein eleganter Gebäudekomplex, der mitten im Grünen liegt. Einst war es ein Wehrkloster, doch scheint man seiner Befestigung keine besonders Aufmerksamkeit geschenkt zu haben, vielleicht, weil es im Hinterland und in der Nähe einer Siedlung lag. Am Haupteingang steht die Jahreszahl 1593 und am Kirchenportal die Jahreszahl 1622. Doch dürfte das Kloster älter sein. Es gehört zu den Klöstern, die auch in der Türkenzeit weiterbestanden und den Menschen, die in der näheren Umgebung lebten, halfen. Nach 1840 wurde dort die erste Schule des Gebietes gegründet, eine Schule, die von vielen Schülern

125. Ansicht des Klosters Agios Georgios Vrachasiotis.
126. Kloster Vrachasiotis. Stifterinschrift aus dem Jahr 1592.
127. Relief des Heiligen Georg. Am Glockenturm des Klosters Agios Georgios Vrachasiotis.
128. Die Ikone des Heiligen Georg. Kloster Agios Georgios in Selinari.
129. Detail von dem schönen, holzgeschnitzten Templon in dem heute verlassenen Kloster Agios Georgios Vrachasiotis.

129

besucht wurde und aus der viele Gelehrte hervorgingen in einer Zeit, in der Unwissenheit als natürliche Folge der Unterdrückung herrschte. Später ließ sich dort Kostis Adosidis nieder, Pascha des osmanischen Reiches und erster christlicher Kommandant von Lasithi.

In den letzten Jahren hat der Metropolit des Gebiets, Nektarios, das Kloster instandsetzten lassen. Freigelegt und restauriert wurde ein herrlicher monastischer Komplex mit großen Räumlichkeiten, die sich harmonisch an das abschüssige Gelände anpassen und gestützt werden von einer Stützmauer, die auch half, die heutige längliche Form des Klosterkomplexes zu schaffen.

Um ein vollständigeres Bild der byzantinischen Monumente im Gebiet von Merampello zu erhalten, sollte man die mit Wandmalereien ausgeschmückte Panagia-Kirche in Kritsa besuchen. Kritsa ist ein großes Dorf und liegt 11km von Agios Nikolaos entfernt. Zwei Kilometer vor dem Dorf trifft man auf die Kirche Panagia Kera. Es ist nicht bekannt, ob sie früher einmal das Katholikon eines kleinen Klosters war, doch gibt es bisher keine entsprechenden Hinweise. Es handelt sich um eine dreischiffige Kirche, deren Mittelschiff der Gottesgebärerin, das nördliche dem Heiligen Antonius und das südliche Schiff der Heiligen Anna geweiht ist. Der ursprüngliche Bau aus dem 12.Jh. besaß nur ein Schiff, das heutige Mittelschiff, das von einer Kuppel überspannt wurde. Die beiden anderen Schiffe wurden in späteren Zeiten angebaut.

Da die Kirche in verschiedenen Phasen ausgemalt wurde, kann man hier die verschiedenen Strömungen in der kretischen Malerei und ihre Entwicklung verfolgen. Von der ersten Ausmalung hat sich nicht viel erhalten. Die Art und die Qualität des Wandmalschmucks geben Grund zu der

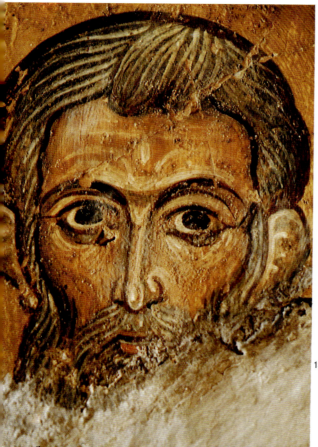

130. Das Kloster Kremasta
131. Wandmalerei aus der Kirche Panagia Vigliotissa in der Nähe von Neapoli.
132. Kirche Kera in Kritsa. Der Weg der Gottesgebärerin nach Betlehem, wo sie sich in die Steuerlisten eintragen lassen mußte. Es begleiten sie Josef und Jakobus (Wandmalerei).
133,134. Christus und Maria. Wandmalereien aus der Kirche Panagia Kera in Kritsa.

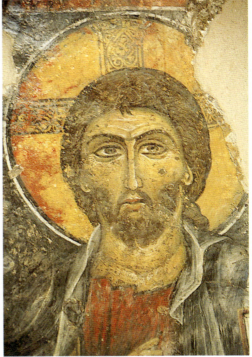

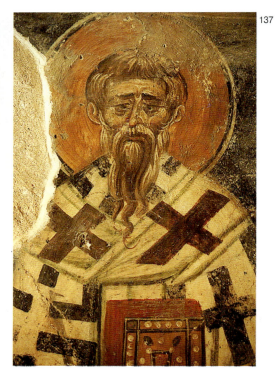

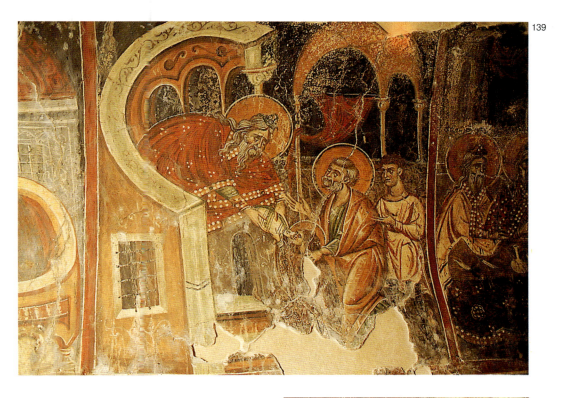

135. Die Kirche Panagia Kera in Kritsa.
136,138. Georgios Mazizanis, Stifter der Wandmalereien in der Kirche Panagia Kera in Kritsa, und seine Gemahlin. Die Bekleidung der Stifter ist besonders interessant.
137. Panagia Kera in Kritsa. Die Figur eines Heiligen im Schiff der Heiligen Anna.
139. Der Priester reicht Maria, die von Josef begleitet wird, den Krug mit dem Wasser der Versuchung. Die Szene ist inspiriert von dem apokryphen Evangelium des Jakobus.
140. Ein Heiliger. Von dem Wandmalschmuck in der Kirche Panagia Kera.

Annahme, daß das erste (das mittlere) Schiff zu einem Zeitpunkt zerstört und später wiederaufgebaut wurde. Im Gewölbe des Altarraums, das den mystischen Himmel symbolisiert, in den Jesus nach der Himmelfahrt aufstieg, und den Ort des Jüngsten Gerichts, ist die Himmelfahrt Christi mit den Propheten Salomon und David dargestellt. In der Altarnische sieht man die Figuren der heiligen Väter Liturgisten, wie dies in allen ausgemalten Kirchen der Fall ist. Große Teile dieser Wandmalereien sind zerstört.

In der Kuppel gibt es kein Bild des Pantokrators, wie es üblich ist, sondern Bilder mit Szenen aus dem Evangelium. Man nimmt an, daß dies nicht auf einen anderen ikonographischen Musterplan zurückzuführen ist, sondern rein technische Gründe hatte, die die Darstellung eines einheitlichen Themas nicht zuließen. Die Kalotte ist viergeteilt und zeigt die Darstellung Mariens im Tempel, die Taufe Christi, die Auferweckung des Lazarus und der Einzug Christi in Jerusalem. Die Kuppel symbolisiert in byzantinischen Kirchen den Himmel. Und in Kera ist dieser Symbolgehalt sehr deutlich, da in der Mitte der Kuppel vier Engel, also vier Himmelswesen, abgebildet sind. Am unteren Rand der Kuppel sieht man die Propheten, die das Kommen des Herrn vorausgesagt hatten und in den Zwickeln sind die vier Evangelisten, Matthäus, Markus, Lukas und Johannes, dargestellt. Darstellungen aus dem Leben Christi sind nicht auf die Kuppel beschränkt, sondern finden sich auch im Westgewölbe. Besonders interessant ist die Darstellung des Jüngsten Gerichts mit Szenen der Strafen der Verdammten. An der Nordwand desselben Schiffs sieht man den Heiligen Georg in Rüstung. An der Westwand ist der Heilige Demetrios ebenfalls kriegerisch dargestellt, und an der nordwestlichen Pfeiler kann man den

141

142

143

141. In der Kuppel der Kirche Kera ist nicht, wie in anderen ausgemalten Kirchen üblich, Christus dargestellt, sondern vier Szenen des Festtagszyklus. Auf der Abbildung: Taufe Christi.
142. Der Prophet Hesekiel.
143. Kirche Panagia Kera. Seltene Darstellung eines westlichen Heiligen in einer orthodoxen Kirche: der Heilige Franziskus von Assisi.
144. Höllenstrafen. Wandmalerei aus der Kirche Panagia Kera.

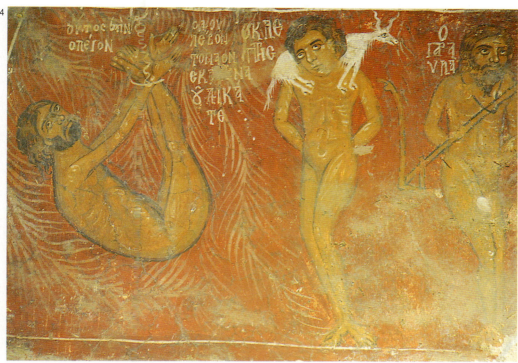

Beschützer der Armen, den Heiligen Franziskus, sehen. Seine Darstellung geht auf den lateinischen Einfluß durch die Venezianer zurück, in deren Besitz Kreta seit 1211 war.

In Südschiff ist die Malerei anderer Art, viel leuchtender. Die Heiligen scheinen sich zu bewegen, und die gesamte Darstellungsweise offenbart Einflüsse der makedonischen Kunst. Bemerkenswert ist die Darstellung des Heiligen Theodor des Heerführers an der Südwand (in der Scheinapsis). Er ist zu Pferde und die Bewegung zeigt sich besonders in der Darstellung des Pferdes. In zwei prallel zu den Gewölbeachsen verlaufenden Zonen sieht man Szenen aus dem Leben der Heiligen Jungfrau. In dem Schiff, das dem Heiligen Antonius geweiht ist, sieht man den Stifter der Wandmalereien Georgios Mazizanis mit Frau und Kind. Die prächtigen Gewänder der Stifter vervollständigen den Malschmuck eines der bedeutendsten byzantinischen Monumente auf Kreta.

KLÖSTER ARETI - DORIES - KARDAMOUTZA

In der Nähe des Dorfes Fourni im Gebiet Merampello kann man viele christliche Monumente der späten Venezianerzeit sehen, Kirchen und Klöster. Fourni liegt von Agios Nikolaos 18,5km entfernt, wenn man die Straße über Nikithiano nimmt, und 21,5km, wenn man über Elounta fährt. Von Fourni aus kann man die nahegelegenen Klöster besuchen, die Beipiele der Klosterarchitektur einer bestimmten Periode sind. Unweit des Dorf liegt das heute aufgegebene Kloster Keramos. Erbaut oder wiederaufgebaut wurde es in den letzten Jahren der Venezianerherrschaft, wenige Jahre, bevor die Türken nach Kreta kamen. Es haben sich Ruinen und einige typische Gebäude in relativ gutem Zustand erhalten. Das Kloster bestand bis Ende des 19.Jhs. mit einer kleinen Zahl von Mönchen.

Das Kloster Agios Konstantinos liegt im Dorf Dories und seine Kirche dient heute als Gemeindekirche. Es war ein Kunst- und Kulturzentrum der Gegend. Einige Ikonen, die die Jahrhunderte und die Zerstörungen der türkischen Besetzung überstanden, belegen das Alter des Klosters, das bereits in der 2. byzantinischen Periode bestanden haben muß. Die Ikone der Theotokos aus dem 14.Jh. folgt dem ikonographischen Typus der Hodegetria,

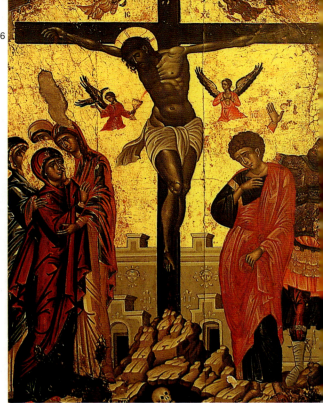

wie er sich im Kloster Hodegi in Konstantinopel herausbildete. Man kann also bei den Ikonen dieses Typs in Bezug auf Darstellung und Thema den Einfluß Konstantinopels, des größten Kunstzentrums jener Zeit, feststellen und einen besseren Eindruck von den besonderen Beziehungen dieser Gegend und Kretas allgemein mit der Hauptstadt von Byzanz erhalten. Der Überlieferung zufolge soll die erste Ikone der Hodegetria der Evangelist Lukas gemalt haben, doch ist die Figur der Theotokos "acheiropoietos", d.h. nicht von Menschenhand gemacht. Bemerkenswert ist auch die Ikone der Kreuzigung aus dem Jahr 1673.

Es haben sich auch Teile der Befestigungsmauer mit zwei Eingängen an der Nordseite des Klosters erhalten. Zwischen diesen beiden Eingängen liegen die alten Ställe des Klosters, ein sehr schönes Gebäude mit Kuppel. Sehenswert ist ferner der Glockenturm, der Ende des 19.Jhs. errichtet wurde. Das Kloster wurde 1900 aufgelöst.

Das Kloster Kardamoutza liegt in der Nähe des Dorfes Karydi. Es ist heute verlassen, doch ist seine Architektur sehenswert, das herrliche Refektorium nordwestlich des Katholikon, die Ställe und andere überkappelte Bauten aus dem harten, schwarzen Stein der Gegend, die durch die sorgfältige Bauweise beeindrucken. Das Refektorium ist ein längliches überwölbtes Gebäude mit interessanten architektonischen Details. Das Kloster bestand seit den letzten Jahren der Venezianerherrschaft und wurde 1900 aufgelöst.

Das Kloster Areti liegt nördlich des Klosters Kardamoutza und es führt eine neue Straße von Karydi aus dorthin. Das Kloster Areti ist eines der größten und eindrucksvollsten auf Kreta. Seine brillante Architektur und die funktionelle Anlage der Bauten sind sehr beeindruckend. Es gibt zwei hintereinander liegende Eingänge an der Südseite des Klosters. Das Kloster nimmt eine sehr große Fläche ein und außer den Mönchszellen gibt es geräumige Werkstätten für die Verarbeitung landwirtschaftlicher Produkte, eine Ölmühle und eine Kelterei, ein Küchengebäude und ein Backofen, Lagerräume

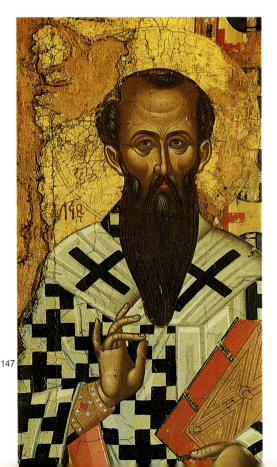

145. Der Mönch Nikodimos. (Kloster Kremasta).
146. Kreuzigung. Ikone aus dem Jahr 1673. Kloster Agios Konstantinos im Dorf Dories von Merampello.
147. Einer der Kirchenväter-Liturgisten. Detail von der Königspforte im Kloster Dories.

148. Das Kloster Areti zu Beginn des 20.Jhs. (Gemälde, das sich heute im Amtssitz des Metropoliten von Petra in Neapoli befindet).
149. Kloster Areti. Teil des Kirchenportals.

für die Agrarerzeugnisse, die auf den großen Landgütern des Klosters produziert werden u.a. Auch gibt es große Zisternen, in denen das Regenwasser aufgefangen wird, da es in der Gegend weder überirdische noch unterirdische Quellen gibt. Das Katholikon liegt etwa in der Mitte des Klosterhofes, aber nicht in der Mitte des Klosters, da dies aufgrund des abschüssigen Geländes nicht möglich war. Es ist ein mittelalterliches Kloster, das seinen Besitz beständig vergrößerte und die übrigen Klöster der Gegend beherrschte. Als sein Gründer gilt der Adelige Markos Papadopoulos, der ihm ein großes Vermögen hinterließ, wie aus seinem Testament hervorgeht, das sich erhalten hat, wie auch andere, das Kloster betreffende Urkunden aus der Venezianerzeit. Viele kleine Klöster wurden seine Dependancen. In der Zeit der Türkenherrschaft stützte es sich auf seine große landwirtschaftliche Produktion. Es besaß eine bedeutende Bibliothek, die auch handschriftliche Bücher antiker Schriftsteller umfaßte, von denen aber die meisten im Befreiungskampf von 1821 verlorengingen. 1900 ließen sich hier Mönche aus den umliegenden Klöstern nieder, die per Gesetz aufgelöst worden waren. Areti erlebte eine neue Blütezeit, doch ließ der Niedergang nicht lange auf sich warten. Die Zahl der Mönche ging sehr stark zurück und das Kloster war entweder ganz verlassen oder nur von einem Mönch bewohnt.

Der Metropolit des Gebiets, Nektarios, hat in den letzten Jahren umfassende Restaurationsarbeiten veranlaßt und man erwartet eine Wiederaufnahme des Klosterbetriebes. Die Klosterkirche ist der Heiligen Dreifaltigkeit geweiht und die Kapelle neben dem Katholikon dem Heiligen Lazarus.

150. Ein Flügel der Königspforte aus dem Kloster Dories.

151. Der Glockenturm des Klosters Dories.
152. Einer der Kirchenväter-Liturgisten. Detail von der Ikone der Drei Hierarchen. Von der Königspforte im Kloster der Heiligen Konstantin und Helene in Dories.

Route 8: von Agios Nikolaos nach Ierapetra
KLOSTER FANEROMENI
ANDERE KLÖSTER BEI IERAPETRA

Das Kloster Faneromeni liegt im Gebiet von Gournia. Es ist 22km von Agios Nikolaos entfernt und man erreicht es, indem man von der Nationalstraße Agios Nikolaos-Siteia nach etwa 18km rechts in einen befahrbaren Feldweg einbiegt. Kultischer Mittelpunkt des Klosters ist eine große, verzweigte Höhle, in der die Ikone der Gottesgebärerin gefunden worden sein soll. Es wird erzählt, daß ein Schäfer von dem gegenüber liegenden Berghang aus ein Licht an der Stelle sah, an der heute das Kloster liegt, und als er dort angelangte, fand er die Ikone. Es ist ein altes Wehrkloster. Es bestand bereits in der Zeit der venezianischen Herrschaft, doch ist seine Geschichte unbekannt. Man nimmt an, daß sich 1282 hier die kretischen Aufständischenführer versammelten und beschlossen, den Kampf gegen die venezianischen Eroberer fortzusetzen. Also bestand das Kloster bereits seit der 2. byzantinischen Zeit. Während der Türkenherrschaft gab es - so die Überlieferung - in dem Kloster eine geheime Schule, die auch Rodanthi besuchte, eine legendäre kretische Heldin, die als Mann verkleidet, sich den Rebellen, die sie für einen Mann hielten, anschloß und in den Kämpfen durch besondere Tapferkeit hervortat.

Der ganze Klosterkomplex ist angelegt, um das kultische Zentrum, die Höhle Faneromeni, hervorzuheben. Diese Höhle ist zu einer Kirche gestaltet. Heute leben in dem Kloster zwei Mönche.

153

154

153. Kloster Faneromeni in der Präfektur Ierapetra.
154. Das Katholikon des verlassenen Kloster Vaïonea, das in der Gegend des Dorfes Anatoli in der Nähe des Küstenortes Nea Anatoli liegt.
155,156. Vom Wandmalschmuck in der Kirche des Klosters Vryomeni in der Nähe des Dorfes Meseleroi/Ierapetra.

In der Umgebung von Ierapetra gibt viele Denkmäler, die ein Bild der byzantinischen Pracht und des Glanzes jener Zeit vermitteln. Sie sind Beispiele einer hohen Kunst, aber auch Erinnerungen an ein heute vergessenen monastisches Leben. Wenn man von Faneromeni aus weiter in Richtung Ierapetra fährt, kommt man zum Ort Episkopi mit seiner schönen byzantinischen Kirche. In der Zeit der Venezianerherrschaft war es Bischofssitz. Kurz vor Ierapetra liegt das neue Kloster Axion Esti, von dem aus man eine schönen Blick über die Ebene von Ierapetra hat. Es ist ein neues Kloster, ein modernes Zentrum religiösen und mönchischen Lebens und Zeugnis der hohen Achtung, welche die Menschen der Gegend der christlich-orthodoxen Tradition entgegenbringen.

Die meisten byzantinischen Denkmäler der Gegend liegen westlich von Ierapetra an den östlichen Ausläufern des Diktiberges. Dort ist das Nonnenkloster Exakousti erbaut, das eine kleine Höhlenkirche und moderne Gebäude besitzt, doch haben sich auch Ruinen vieler anderer mittelalterlicher Klöster erhalten. Das Kloster Exakousti liegt in der Nähe des Dorfes

157

Malles und man kann es von den Dörfern Anatoli, Kalamafka und Malles aus erreichen. Unweit von Exakousti liegen auch die Ruinen des alten Armos-Klosters. Von Exakousti führt ein befahrbarer Feldweg dorthin.

In der Nähe des Dorfes Anatoli liegen drei alte Klöster. Das Kloster Christos in Pano Karkasa, das Kloster Agioi Apostoloi in Kato Karkasa und das Kloster Theotokos Pantanassa in Vagionia. Alle drei sind heute verlassen und es haben sich nur die Kirchen erhalten. Die Straße, die von Anatoli zu den beiden Klöstern in Karkasa führt, ist sehr schlecht, doch lohnt sich die Mühe, denn die Wandmalereien der beiden Kirchen sind sehr schön. Die Darstellung des Abendmahls in der Kirche Agioi Apostoloi ist sehr beeindruckend und relativ gut erhalten. Ferner gibt es Darstellung der Taufe Christi, der Kreuzabnahme, der Auferweckung des Lazarus, der Himmelfahrt u.a. Die Tragikonen der Kirche sind ebenso bemerkenswert, doch da die Kirche sehr einsam liegt, werden sie in der Ikonensammlung der Gemeinde in Anatoli aufbewahrt. In der Christos-Kirche haben sich Wandmalereien mit der Darstellung der Kreuzigung, der Taufe, der Himmelfahrt, der Verklärung Christi u.a. erhalten, allerdings nicht in besonders gutem Zustand.

Um das Kloster Pantanassa in Vagionia zu besuchen, fährt man zunächst in die Siedlung Nea Anatoli und fragt dort die Bewohner nach dem genauen Weg. Es führt nur ein Feldweg dorthin, der aber relativ gut befahrbar ist. Eindrucksvoll ist die eigenartige Architektur der Kirche. Es ist eine Einraumkirche mit Vorhalle, die ein Kegeldach überspannt. Es gibt noch viele Spuren des Klosters, das der gelehrte Mönch Neilos Damilas im 14.Jh. hier gründete. Vor dem Kloster gibt es einen großen Felsen und einen zweiten, noch größeren und steileren an seiner Ostseite. An diesem großen Felsen kann man eingehauene Treppenstufen sehen, die auf seine Spitze führen. Vielleicht stand dort früher ein kleiner Wehrturm, in den die Nonnen bei Angriffen flüchteten.

In Malles und Anatoli gibt es sehr schöne Ikonensammlungen. Um sie zu sehen, muß man sich an den jeweiligen Dorfpriester wenden.

Route 9: von Agios Nikolaos nach Siteia
KLOSTER TOPLOU

Es ist eines der eindrucksvollsten und historisch bedeutsamsten Klöster auf Kreta. Es liegt auf einem Plateau auf dem östlichsten Zipfel der Insel und ist 91km von Agios Nikolaos entfernt. Beim Näherkommen beeindruckt es durch seine wuchtigen Massen und den hohen Glockenturm, der mit den Wolken zu kämpfen scheint. Seit Jahrhunderten peitschen es die Winde, doch die Falten der Alters sind nicht zu sehen. Dieses lebensvolle Klöster steht unter Denkmalschutz und bildet eine Schatzkammer der orthodoxen Tradition in Ostkreta.

Die starke Festung schützte das Kloster im Mittelalter, als das Kloster den ständigen Pirtenüberfällen ausgesetzt war und oft geplündert wurde. Die traditionelle Klosterarchitektur bot den Mönchen Schutz und Verteidungsmöglichkeiten. Die gutgebaute Festungsmauer umschloß die Kirche, die Zellen, die gemeinsam genutzten Bauten und alle Einrichtungen, die es den Mönchen ermöglichten, auch bei Belagerungen zu überleben. Um Platz zu sparen, waren die Zellen in die Festungsmauer integriert. Sie bildeten also einen Teil der Festungsmauer und an manchen Stellen hat man den Eindruck, als sei die Umfassungsmauer kompakt, mehrere Meter dick und die überwölbten Zellen an ihr hintereinander aufgereiht. Der Architekt des Klosters verwendete besondere Sorgfalt auf den Eingang. Das Kloster besaß zwei hintereinander liegende Eingänge. Wenn man durch den ersten ging, befand man sich im äußeren Hof. Hier war Raum für die gröberen Tätigkeiten. Das Außentor befand sich am Ende eines überwölbten Säulenganges. Dort warteten die Besucher, die vor Sonnenaufgang dort angelangt waren, darauf, daß das Kloster geöffnet werde. Das zweite Tor führt in das eigentliche Kloster und heißt "Rollentür". Sie war sehr schwer und

157. Allgemeine Ansicht des Klosters Vryomeni.
158. Die Kirche Agios Isidoros an der östlichsten Küste von Kreta.

nicht leicht zu öffnen und darum hatte man unter der Tor Rollen angebracht, um dem Mönch, der Pförtnerdienste leitstete, die Arbeit leichter zu machen. Genau oberhalb des Tors befindet sich eine Pechnase, aus der siedendes Öl oder flüssiges Blei auf Angreifer gegossen wurde, die versuchten, das Tor einzurammen. Wenn man durch dieses Tor geht, befindet man sich im Haupthof des Klosters und sieht vor sich das Katholikon, das in die Festungsmauer integriert ist. Der Hof ist sehr klein und schmal für ein so großes Kloster. Dies erklärt sich dadurch, daß das Kloster hauptsächlich Verteidigungszwecken diente. Der Architekt des Klosters legte vor allem Wert auf die Befestigung der Anlage und die Sicherheit der Mönche, die ein einer sehr einsamen Gegend lebten...

Die schöne kleine Kirche besitzt zwei Schiffe, von denen das eine der Heiligen Jungfrau und das andere dem Heiligen Johannes dem Theologen geweiht ist. Im linken Schiff haben sich Wandmalereien erhalten, und am Templon kann man einige bemerkenswerte Ikonen aus dem 18.Jh. sehen. Eine kleine Tür führt von der Kirche in das Museum für Ikonen und Kirchenkunst. Einige der bedeutendsten kretischen Ikonen werden hier aufbewahrt. Besonders interessant sind die Ikone der Heiligen Anastasia, in deren unterem Teil das Kloster abgebildet ist, die Ikone mit Christus auf dem Thron, jene mit Johannes dem Täufer, die Ikone "Groß bist du, Herr" von Ioannis Kornaros u.a. Besonders letztere beeindruckt durch ihre Komposition. Es handelt sich um eine vielfigurige Ikone, die in vier Haupt- und 57

159. Die Unbefleckte Gottesgebärerin. Ikone im Kloster Toplou.
160. Kloster Toplou. Allgemeine Ansicht des festungsartigen Komplexes, nach den kürzlichen Restaurationsarbeiten.
161. Wandmalerei aus dem Katholikon des Klosters Akrotiriani oder Toplou, wie es heute üblicherweise heißt.

162

Nebenbildfelder unterteilt ist und auf der mehrere Hundert Figuren dargestellt sind. Es ist eine bildliche Darstellung des großen Segenshymnos. Der Hymnos wird Basileios dem Großen zugeschrieben, doch vervollständigte ihn der Patriarch von Jerusalem Sophronios. Auf der Ikone sieht man Sophronios ein offenes Buch, in dem das Gebet geschrieben steht, auf seinen Knien halten. Auf den Nebenbildfeldern sind biblische Szenen und anderes dargestellt. Der Maler hat zwar auch hier die einzelnen Darstellungen voneinander getrennt, jedoch nicht wie in der Ikone der Heiligen Anastasia durch Rahmen, wodurch das Ganze sich zu einer harmonischen Einheit verbindet. Der Maler Ioannis Kornaros war auch an anderen Orten tätig (z.B. auf Zypern). Die Ikone "Groß bist du, Herr" schuf er 1770 im Alter von 25 Jahren. Wenige Jahre zuvor hatte er eine ähnliche Ikone im Kloster Savvathiani in der Nähe von Irakleio gemalt. Der größte Teil dieser Ikone ist jedoch leider zerstört.

In einem anderen Museum im Erdgeschoß des Ostflügels werden liturgisches Gerät und Gegenstände mit historischer Bedeutung für das Kloster aufbewahrt.

Die Geschichte des Klosters verliert sich im Dunkel der Jahrhunderte. Es ist nicht bekannt, ob es an dieser Stelle vor der Eroberung Kretas durch die Venezianer schon ein Kloster oder eine Kirche gab. Viele Historiker verbinden die Gründung des Klosters Akrotiriani (Toplou) mit einem anderen Kloster der Gegend, dem Kloster Agios Isidoros, das am Ostende Kretas in einer trockenen und völlig unfruchtbaren Gegend auf einem Kap liegt, auf dem es in der Antike ein Heiligtum gegeben haben soll. Kürzliche Grabungen an der Stelle haben die Überreste der alten Kirche Agios Isidoros und Gebeine von Mönche ans Licht gebracht, wodurch sich bestätigt, daß es in der Gegend ein kleines Kloster gab (es kann heute nicht besucht werden, da die Gegend militärisches Sperrgebiet ist). Meiner Ansicht nach jedoch bestand das Kloster Agios Isidoros im 14. oder 15.Jh. als ein von Akrotiriani selbständiges Kloster.

Die Klöster in Siteia, und besonders jene an den Küsten, wurden oft von Piratenüberfällen heimgesucht. Urkunde aus der Zeit erwähnen, daß Piraten im Jahr 1498 das Kloster Akrotiriani und Dörfer in Siteia plünderten. Es ist sicher, daß das dem Heiligen Johannes dem Theologen geweihte Kirchenschiff damals schon stand, denn seine Wandmalereien wurden etwa ein Jahrhundert vor dem Piratenüberfall geschaffen. Man kann heute Teile dieser Wandmalereien sehen, die dem typischen ikonographischen Musterplan der orthodoxen Kirchen folgen. Aus jener fernen Zeit hat sich im Kloster nicht viel erhalten. Einer der ältesten Gegenstände aus Akrotiriani ist ein Siegel aus dem 15.oder 16.Jh., die 1884 veröffentlicht wurde. Es scheint, daß im 15.Jh. die wirkliche Blüte des Klosters begann, die durch die schönen Ikonen aus jener Zeit belegt ist; darunter die Himmelfahrt Mariens, in der Erdfarben den Ton bestimmen und die die wichtigsten Kennzeichen der kretischen Hagiographenschule besitzt, und die Ikone Christus Pantokrator, die beschädigt war und 1765 von einem kretischen Maler übermalt wurde.

1530 wurde das Kloster von den Rittern von Malta geplündert, doch erholte es sich sehr schnell. Im folgenden Jahrhundert, 1612, wurde es durch ein großes Erdbeben in Ostkreta zerstört. Nur unter großen Mühen konnte es wiederaufgebaut werden. Damals erhielt es seine heutige festungsähnliche Gestalt. Der Wiederaufbau wurde vom venezianischen Staat mit 200 Dukaten unterstützt. Venedig war damals bemüht, angesicht der anrückenden türkischen Gefahr, jede Verbesserung der Verteidigung seiner Besitzungen zu unterstützen. Und eine Festung in einer einsamen Gegend, in der zumal Dutzende von Mönchen lebten, war da natürlich sehr nützlich.

Beginn des 17.Jhs. hatte das Kloster das Glück einen der bedeutendsten Kirchenmänner der Zeit, Gavriil Pantogalos, zum Abt zu haben. Der Name dieses Abtes ist mit der größten Blütezeit des Klosters verbunden. Er reorganisierte das Kloster und brachte große Ländereien in seinen Besitz, was die Grundlage bildete für die weitere Entwicklung des Klosters und seine Wirtschaftskraft in der Zeit der Türkenherrschaft. Die große kretisch-venezianische Familie Kornaros, zu der auch der Dichter des 'Erotokritos' gehörte, zählte zu den Stiftern des Klosters. Es war Gavriil, der die Architektur des Klosters bestimmte und schließlich die Pläne des unbekannten Architekten in die Praxis umsetzte. Sein Name steht in einer schönen Inschrift, die in westliche Außenmauer der Kirche eingemauert ist.

In der Türkenzeit wurde das Kloster

162,163. Detail von der Ikone "Groß bist du, Herr", die der bedeutende kretische Maler Ioannis Kornaros 1770 malte.

164

165

166

Akrotiriani Toplou genannt, weil es eine Kanone besaß (türk. top = 'Kanone, Geschütz'). In der ersten Zeit der Türkenherrschaft (von 1646 bis Anfang des 18.Jhs.) hatte Toplou mit großen wirtschaftlichen Problemen zu kämpfen. Doch konnte es diese noch vor Mitte des 18.Jhs. überwinden und entwickelte sich danach zu einem bedeutenden Kloster. Es besaß eine Schule, in der sowohl der mönchische Nachwuchs als auch die Kinder der Umgebung unterrichtet wurden. Im 18.Jh. war es eines der bedeutendsten religiösen Zentren auf Kreta. Verstärkt nach 1760 gelangten Ikonen in seinen Besitz, die besonders typisch für die kretische Kunst nach der Eroberung der Insel durch die Türken sind. Diese Ikonen befinden sich heute entweder in der Kirche oder im Museum des Klosters. Die charakteristischsten sind die Ikonen von Ioannis Kornaros ("Groß bist du, Herr" und die Heilige Anastasia), die Ikone "Die unvergängliche Rose", auf deren unterem Rand es eine Zeichnung der Klosterfestung gibt, die Ikone der thronenden Gottegebärerin u.a. Während der Türkenzeit hatte das Kloster viel zu leiden, Plünderungen und Erpressungen des Klostervorstandes waren sehr häufig. Es ist erwähnt, daß ein türkischer Aga namens Kasapi so oft ins Klosters ging, um die Mönche zu erpressen, daß diese einem anderen Türken Geld gaben, um Kasapi zu ermorden. Um als Kasapi eines Abends wieder einmal im Kloster war, stieß ihn der andere Türke von einer Treppe in den Pflasterhof hinunter, wo er blutüberströmt liegenblieb. Die Mönche banden den toten Kasapi auf sein Pferd und schickten es mit seiner Last zu Haus des Aga zurück. Doch auf dem Weg lockerten sich die Stricke und die Leiche fiel einige Hundert Meter westlich des Klosters vom Pferd herunter. Die Türken fanden den Toten und machten die Mönche für den Mord verantwortlich, woraufhin sie ihre Wut am Kloster ausließen, wie aus einer Urkunde des Jahres 1812 hervorgeht.

In den Freiheitskämpfen der Kreter spielte das Kloster eine bedeutende Rolle. 1821, während des griechischen Befreiunskampfes, wurden von den Türken 14 Geistliche und Nichtgeistliche, die im Kloster und in den Dependancen wohnten, ermordet und die Klosterspeicher geplündert. Die Mönche beteiligten sich auch am Aufstand von 1866, und während der deutschen Besatzung im II.Weltkrieg war im Kloster eine Funkanlage der

Alliierten installiert.

In den letzten Jahren hat man begonnen, das Kloster in seiner ursprünglichen Form zu restaurieren. Das Kloster ist eines der bedeutendsten Monumente in der Provinz Siteia, doch ist es darüber hinaus auch heute noch ein religiöses Zentrum, das viele Pilger anzieht. Heute leben dort zwei Mönche.

KLOSTER KAPSAS

Es liegt an der Südküste von Ostkreta. Der Weg dorthin ist nicht besonders gut (nicht asphaltiert) und man muß sehr vorsichtig fahren.

Das Kloster ist landschaftlich sehr schön gelegen und man hat von dort einen herrlichen Blick auf das Libysche Meer. Sein Anblick ist ehrfuchtgebietend und, auf einer Anhöhe gelegen, scheint es der Welt entrückt zu sein. Seine Gründung geht auf eine Kulthöhle zurück, in der in der byzantinischen Zeit wahrscheinlich Eremiten lebten. Die Einmeißelungen und die Überlieferung lassen die Erinnerungen an das leben an diesen heiligen Stätte wieder lebendig werden, Ein Leben das nach einem Piratenüberfall im 15. oder 16.Jh. ein jähes Ende fand.

Aber auch in der weiteren Umgebung gibt es Zeugnisse der religiösen Vergangenheit dieser Gegend. Kurz vor Kapsas trifft man auf die kleine Siedlung Kalo Nero, in dem man heute Frühgemüse in Treibhäusern zieht. In dieser Siedlung steht die alte mit Wandmalereien geschmückte Kirche Theotokos. Die Wandmalereien sind in keinem guten Zustand, doch kann man auf ihnen eingeritzt noch viele Namen von griechischen und venezianischen Pilgern und Jahreszahlen aus dem 15. und 16.Jh.

165. Die drei Kirchenväter-Liturgisten. Kloster Toplou. (Detail).

166. Christus Pantokrator. Höchstwahrscheinlich eine Ikone des Hagiographen Andreas Ritzos (15.Jh.). Kloster Toplou. (Detail).

167. Ein Engel diktiert dem Heiligen Johannes dem Theologen und jener schreibt... Detail von einer Ikone im Kloster Toplou.

168. Detail von der Ikone "Groß bist du, Herr", von Ioannis Kornaros.

erkennen. Die Kirche gehört heute zum Kloster Kapsas und neben ihr kann man noch die Zellen der Mönche von Kapsas sehen, die im 19.Jh. hier lebten. In früheren Zeiten dürfte es hierin selbständiges Kloster gegeben haben.

Die kleineren Klöster der Gegend wurden im 15. oder auch 16.Jh. aufgegeben und danach vergessen. Mitte des 19.Jhs. erwachten sie zu neuem Leben, als sich dort ein kretischer Asket niederließ, der von den Türken verfolgt wurde. Sein Name war Gerontogiannis. Er war völlig unbelesen, doch von einer Vision erfüllt, besaß Organisationstalent und war sehr tatkräftig. Er baute das Kloster auf und macht es zu einem religiösen Zentrum für das gesamte Gebiet. Das, was in jenen Jahren in Kapsas geschah, zeigt, wie tief das religiöse Gefühl in den Seelen der Kreter verwurzelt war. Sie strömten zum Gebet in der Kirche zusammen, und sie waren es, die an die Heiligkeit des Asketen glaubten. Gerontogiannis, der aus der Gegend von Kapsas stammte und dort ein von den Türken verfolgtes Mädchen getroffen und später geheiratet hatte, wurde zum Symbol für das neugegründete Kloster. Nach seinem Tod wurde er von den Mönchen als Heiliger verehrt. Und heute gilt er als Lokalheiliger. Verehrt wird er im Kloster und in einer Höhle der steilen Schlucht, in der er als Asket gelebt haben soll.

Das Kloster besteht bis heute und man kann die schöne Höhlenkirche bewundern, deren Fußboden Kieselmosaiken mit Dekormotiven und religiösen Symbolen aufweisen.

169. Ansicht des Klosters Kapsas, im Süden der Provinz Siteia.
170. Handarbeit der Nonnen im Kloster Agios Ioannis in Korakies, auf der Halbinsel Akrotiri bei Chania.

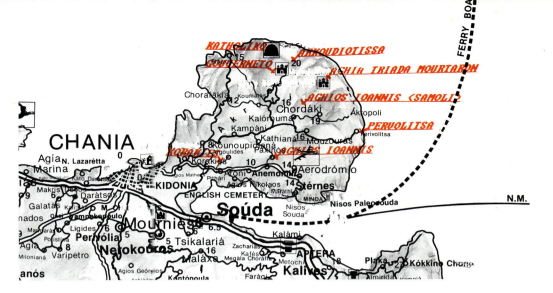

Route 10: Chania - Halbinsel Akrotiri
AKROTIRI

Auf einer Fahrt von Chania nach Akrotiri hat man die einmalige Gelegenheit, einige historische Klöster kennenzulernen, die sich im Umkreis von wenigen Kilometern konzentrieren und einen Eindruck vermitteln von der reichen Geschichte und jahrhundertealten religiösen Tradition des Gebiets. Drei der Klöster bestehen noch heute, aber besuchenswert sind auch die kleinen Klosterbauten, die Überreste des Lebens der Mönche und Asketen jene Ruinen, die von anderen Epochen und anderen Lebensweisen zeugen. In manchen Fällen muß man einen einstündigen Fußmarsch in Kauf nehmen (für Hin- und Rückweg), doch wird die Anstrengung in jedem Fall reichlich belohnt...

KLOSTER KORAKIES

Es ist das erste Kloster auf das man auf dem Weg nach Akrotiri trifft. Es ist ein Nonnenkloster und liegt in der Nähe des Dorfes Korakies auf der Halbinsel Akrotiri. Es hat sich nicht vieles von seiner älteren Geschichte erhalten und die ältesten Gebäude sind aus dem 19.Jh. Es ist unbekannt, wann seine verworrene Geschichte ihren Anfang nahm. Es handelt sich jedenfalls um ein sehr altes Kloster. Während der Venezianerzeit und in den ersten Jahren der Türkenherrschaft hieß es "Kloster Agios Ioannis Vita", wie aus Urkunden der Zeit hervorgeht. Es ist nicht bekannt, was dieser Name bedeutet, doch ist es nicht ausgeschlossen, das 'Vita' der Name des Gründers oder eines Erneuerers des Klosters war. Seinen heutigen Namen hat es von dem nahegelegenen Dorf Korakies.

170

Bereits seit der Venezianerherrschaft dürfte es ein Nonnenkloster gewesen sein. Die Frauenklöster, die auf Kreta seit der Zeit der Venezianerherrschaft bestanden, hatten in der folgenden Zeit der Türkenherrschaft mit vielen Problemen zu kämpfen. Den Janitscharen waren die hilflosen und schwachen Nonnen willkommene Opfer. Es kam oft vor, daß die einsam gelegenen Nonnenklöster auf Kreta geplündert und die Nonnen vergewaltigt oder ermordet wurden. Das führte dazu, daß es für einen relativ großen Zeitraum praktisch keine Frauenklöster auf Kreta mehr gab. Es gab kein Nonnenkloster, das nicht unter türkischen Angriffen zu leiden hatte. Die meisten wurden sogar endgültig aufgelöst. Das Kloster Agios Ioannis in Korakies wurde im Befreiungskampf

171. Tönernes liturgisches Gerät aus dem Kloster Korakies.

von 1821 zerstört, und alle dort lebenden Nonnen wurden ermordet. Danach begann man mit dem Wiederaufbau des Klosters, doch 1866 kam es zu einem neuen Massaker und zur Zerstörung des Klosters. Ende des 19.Jh. wurde es sehr bekannt und erweckte das Interesse vieler Persönlichkeiten und Institutionen aus Kirche und Gesellschaft. Selbst die Gattin des britischen Konsuls in Athen Lady Egerton unterstützte die Nonnen, die nach so vielen Opfern und Verfolgungen um ihr Überleben kämpften. Sie lud eine Nonne zu sich nach Athen ein und brachte ihr Sticken bei. Dies war der Beginn einer großen Tradition, die bis heute überlebt. Die Nonnen stellen kunstvolle Stickereien und Webarbeiten her, durch die sie ihr eigenes und das Überleben des Klosters sichern. Einige dieser Arbeiten kann man im Museum des Klosters sehen, in dem auch schöne alte liturgische Geräte aufbewahrt werden.

KLOSTER AGIA TRIADA

Dieses Kloster ist eines der beeindruckendsten und am besten erhaltenen auf Kreta. Es liegt 16km von Chania entfernt auf der Halbinsel Akrotiri. Eine gerade Straße, die rechts und links von Bäumen gesäumt ist, die die Mönche gepflanzt haben, führt zum Eingang des Klosters. Vor dem Eingang gibt es einen großen Platz, von dem aus man die großartigen Gebäude bewundern kann. Die Abschüssigkeit des Geländes zwang den Architekten, Gebäude zu errichten, die nach außen dreigeschossig und zum Innern des Klosterbezirkes hin zweigeschossig sind. Auf diese Weise wurde ein ebener Klosterhof geschaffen, in dessen Mitte das Katholikon liegt. Das Außenportal ähnelt westlichen Vorbildern, was bedeutet, daß der Architekt, der hier im 17.Jh. tätig war, gebildet und mit den im Westen veröffentlichten Büchern über Architektur bekannt war und daß er zudem in der Lage war, die neuen Kunstströmungen so zu verarbeiten, daß er die traditionelle orthodoxe Architektur nicht verfälschte. An der Südseite des Klosterkomplexes liegt die Friedhofskapelle des Klosters, zu der ein parallel zum Nordflügel verlaufender Weg führt. Auch die übrigen Bauten des Klosters sind beeindruckend. Das Refektorium, in dessen großem, rechteckigen Saal alle Mönche gemeinsam speisten, zeugt von der koinobitischen Vergangenheit des Klosters.

Das Katholikon ist eine große Dreikonchenkirche mit zwei Kapellen und Narthex. Der Bau war noch nicht fertiggestellt, als die Türken 1645 Kreta eroberten. Er wurde zweihundert Jahre später beendet, als der Vizekönig von Ägypten Mehmed Ali den unterdrückten Kretern einige Freiheiten gewährte.

Der Gebäudekomplex des Klosters ist sehr harmonisch und sorgfältig angelegt, so daß er allen Bedürfnissen der monastischen Gemeinschaft gerecht wird. Alles konzentriert sich innerhalb der Klostermauern, so daß die Mönche, besonders in gefahrvollen Zeiten, nicht gezwungen waren, den Schutz des Klosters zu verlassen. Auch die Magazine für die landwirtschaftlichen Produkte und die Vorrichtungen zu deren Verarbeitungen befinden sich innerhalb der Klostermauern. Unterhalb des Pflasterhofes befinden sich die

Zisternen, in denen das Regenwasser gesammelt wird, denn auf der Halbinsel gibt es praktisch keine natürlichen Quellen.

Die Geschichte des Klosters beginnt lange vor dem 17.Jh., ohne daß heute genau bekannt ist, wann es gegründet wurde. Es war jedoch ein kleines Kloster mit wenigen Mönchen, das aller Wahrscheinlichkeit nach der reichen Familie Mourtaros gehörte, deren Namen das Kloster jahrhundertelang trug. Heute ist es nach seinen Erneuerern mit dem Beinamen Tzagkarola bekannt. Die Priestermönche Jeremias und Laurentios Tzagkarolos spielten eine wichtige Rolle in der Geschichte des Klosters. Sie lebten als Mönche im Klöster Agia Kyriaki in der Nähe von Chania und wurden damit beauftragt, das Kloster Agia Triada nach dem koinobitischen

172. Ansicht des Klosters Agia Triada Mourtaron.
173. (S.118) Kloster Agios Ioannis Eleïmonas in Gkalagkado.
174. Kloster Agia Triada Mourtaron. Kapitell an der Fassade des Katholikon.

System zu reorganisieren. An der Tür der Vorhalle der Kirche stehen die Namen der beiden Erneuer und die Jahreszahl 1634. Die Inschrift ist in lateinischer und griechischer Sprache verfaßt. Diese beiden Mönche organisierten das Mönchsleben und machten das Kloster zu einem der größten auf Kreta. Die Eroberung der Insel durch die Türken ließ jedoch ihre Werk unvollendet. Es ist überliefert, daß die Türken einen Abt gefangennahmen, der

175. Das Jüngste Gericht. Ikone aus dem 17.Jh. Museum Agia Triada Mourtaron.
176. Agia Triada: Der Hauptportal. Der westliche Einfluß ist sehr deutlich...
177. Katholiko. Die Höhlenkirche Agios Ioannis Erimitis.
178. Gouverneto. Relief an der Fassade der Kirche.
179. Das Kloster Pervolitsa.

Bauarbeiten durchführen lassen wollte, und daß ein hohes Lösegeld für seine Freilassung gezahlt wurde.

In der Zeit der Türkenherrschaft kam es zwischen Agia Triada und dem Kloster Megisti Lavra auf dem Berg Athos zu einer Auseinandersetzung um das Kloster Sarakinas im Dorf Mournies bei Chania. Das Patriarchat sprach Sarakinas der Megisti Lavra zu, der es noch heute untersteht. In jener Zeit gelangten viele Grundstücke und kleine Klöster, bei denen die Gefahr der Auflösung bestand, in den Besitz von Agia Triada. Ein Besuch einiger dieser Klöster zeigt noch heute die Bedeutung des Gebiets für das mönchische Leben und das Christentum:

1. Das Kloster Agios Ioannis Eleïmonas in Gkalagkado (das heutige Dorf Pazinos). Es ist ein Wehrkloster, bei dem jedoch die Kirche nicht in der Mitte des Hofes liegt, wie dies die orthodoxe Klosterarchitektur vorschreibt. Sie befindet sich in der nordwestlichen Ecke und ist in die Umfassungsmauer integriert, wie dies bei lateinischen Klöstern der Fall ist. Offensichtlich wurde es vor einem lateinischen Architekten erbaut, oder von einem einheimischen, der aber von der westlichen Architektur beeinflußt war. Es lebten dort Mönche aus dem Kloster Agia Triada, die die Gottesdienste abhielten und die nahegelegenen Felder bestellten.

2. Das Kloster Theotokos in Pervolitsa. Es liegt in der Nähe des Flughafens in einer landschaftlich sehr hübschen Gegend, in der die einzige Quelle der Halbinsel entspringt. Der Blick auf die Souda-Bucht ist überwältigend. Außer der Kirche und den Ruinen der Zellen hat sich nichts erhalten.

3. Kloster Agios Georgios in Charontia. Dieses Kloster liegt in der Nähe von Mournies und ist verfallen. Es haben sich nur die Kirche und die Ruinen der Zellen erhalten. Es gehörte dem Bischof Anthimios Bournazos und seiner Familie. Kurz vor 1700 wurde dem Kloster Agia Triada überlassen.

4. Kloster Agios Ioannis in Samoli. Es liegt in der Nähe des Dorfes Mouzouras, doch um es zu erreichen, muß man etwa 10min. zu Fuß gehen. Erhalten haben sich eine Höhlenkirche und überwölbte Bauten aus dem 16.-17.Jh. Es war eine alte Einsiedelei. Zu Beginn des 19.Jhs. lebten dort zwei wirkliche Aseketen namens Akakios und Gerasimos. Im Kloster Agia Triada werden sie heute als Heilige verehrt.

Das Kloster Agia Triada unterstützte den nationalen Befreiungskampf und wurde 1821 von den Türken zerstört. Sein Betrag im Bereich der Bildung war bedeutend. Es gab dort eine Schule, in der viele Kreter Lesen und Schreiben lernten. Nach 1821 stand das Kloster zunächst eine Weile leer, doch danach wurde diese Schule reorganisiert und es unterrichteten dort bekannte Lehrer. Ende des 19.Jhs wurde dort zum ersten Mal ein Priesterseminar gegründet.

Heute leben dort fünf Mönche.

KLOSTER GDERNETTO (GOUVERNETO)

Eine schmale Straße an der Westseit des Platzes vor dem Kloster Agia Triada führt zu einem weiteren bedeutenden Kloster auf der Halbinsel, zum Kloster Gdernetto oder Gouverneto. Trotz der nicht sehr gelungen Instandsetzungsarbeiten in den 50er Jahren hat es viele Elemente seiner Festungsarchitektur bewahrt. Es ist eines der ältesten Klöster des Gebiets und sein Betrag, den es in den Befreiungskämpfen, zur Entwicklung des religiösen Lebens und der Gegend allgemein geleistet hat, ist nicht hoch genug einzuschätzen. Es ist der Gottesgebärerin mit dem Beinamen Kyria ton Angelon (Herrin der Engel) geweiht, allgemein jeoch als Kloster des Ioannis Ermitis, eines Lokalheiligen, bekannt.

Es scheint der großen und reichen Familie Momoris gehört zu haben, doch haben sich weder das Typikon, die Klosterordnung, noch andere Urkunden, die sich auf seine Gründung beziehen, erhalten. Ende des 16.Jhs. lebte dort der Mönch (und einige Jahre auch Abt des Klosters) Mitrofanis Fasidonis, der ein erfahrener Seemann war und über Jahre bei der venezianischen Marine gedient hatte. Er war bei den Venezianern hoch angesehen, die sich in Fragen des Klosters oft seiner Meinung anschlossen. Es gelang ihm also, die Venezianer, die seiner bedurften, zugunsten des Klosters zu beeinflussen. Und als er alt geworden war, wurde ihm vom venezianischen Staat eine Rente zuerkannt, die nach seinem Tode der Klosterkasse zufließen sollte.

1621 war der von Agia Triada bekannte Ieremias Tzagkarolos Abt des Klosters. Es war im Kloster zu Skandalen gekommen und der fähige Mönch reorganisierte es nach koinobitischem System. Ieremias blieb nur eine kurze Zeit im Kloster und kehrt dann nach Agia Triada zurück. In den letzen Jahren der

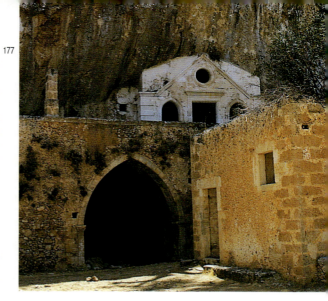

180. Höhle Arkoudiotissa. Der Fels mit der Gestalt eines Bären.
181. Höhle Arkoudiotissa. In der Höhle mit dem "Bären" wurde die Höhlenkirche Theotokos erbaut.

Venezianerherrschaft war Gouverneto eines der reichsten Klöster auf Kreta. Es lebten dort viele Mönche und es hatte große Einnahmen und verfügte über einen gewaltigen Besitz. Die türkische Eroberung unterbrach diese Blüte und die schöne kreuzförmige Kirche, mit deren Bau man damals begonnen hatte, blieb unvollendet.

Im Befreiungskampf von 1821 wurde das Kloster geplündert und die Mönche ermordet.

Heute leben dort sechs Mönche.

DIE ARKOUDIOTISSA-HÖHLE - DAS KLOSTER KATHOLIK

Nach einem Besuch des Kloster Gdernetto sollte man es sich nicht entgehen lassen, zwei weitere bedeutende christliche Denkmäler der Gegend zu besichtigen. Von der Nordseite des Platzes vor dem Kloster führt eine steiniger Pfad zu den Höhlen Arkoudiotissa und Agios Ioannis Ermitis. Der Pfad geht steil bergab und führt durch die heiligen Stätten der kretischen Asketen, die dort seit byzantinischer Zeit lebten. Wie lebendig das Gedächtnis an diese Asketen ist, zeigen die Überlieferungen, die sich auf Leben und Tod des Heiligen Johannes des Eremiten in einer der Höhlen der Gegend beziehen.

Zu Beginn der Wanderung zu den Denkmälern des Gebiets sieht man linkerhand einen kleinen verfallenen Gebäudekomplex. In der Mitte lassen sich die Ruinen einer Kirche erkennen. Hier war das Kloster Agios Antonios. Es dürfte anfänglich ein selbständiges Kloster gewesen sein, daß jedoch später, als sich Gouverneto zu einem großen Kloster entwickelte, zu dessen Dependance wurde.

Nach etwa 10min. Fußweg kommt man zu einem anderen kleinen Kloster, das am Hang eines

182. Das Kloster Gdernetto (Gouverneto).
183. Die Kirche in Katholiko.

niedrigen Bergs liegt. Die herabgefallene Steine und zwei noch aufrecht stehende Bogen zeigen dem Besucher, der zum ersten Mal hierherkommt, den Weg. Wenn man den Weg durch die Ruinen nimmt, wird die vorübergehende Traurigkeit, die einen angesichts der Ruinen überkommt, schnell einer freudigen Überraschung Platz machen, denn man sieht sich plötzlich am Eingang einer großen Höhle, die durch das Tageslicht in einen seltsames Dämmerlicht getaucht wird. Etwa in der Mitte der Höhle Arkoudiotissa sieht man einen Bären ('arkouda') aus Stein, der einen schnell ins Land der Legenden und Überlieferungen trägt. Der Bär scheint sich über eine Zisterne zu beugen. Die Steinmassen des Bären verdecken den größten Teil der Zisterne. Von den Stalaktiten fallen Wassertropfen herab und so hat sich im Laufe der Jahrhunderte viel Wasser an diesem trockenen und wasserlosen Ort angesammelt. Der Steinbär ist nicht von Menschen gemacht. Kein Bildhauer hat hier je einen Meißel angelegt. Vielleicht ist es ein Stalagmit, der im Laufe der Jahrhunderte diese Form annahm.

Es wird erzählt, daß der Bär lebendig war und an der Zisterne Wasser trank. Die Mönche und die anderen Bewohner der Gegend sahen ihn nicht. Als sie Wasser holen wollten, sahen sie, daß die Zisterne leer war. Sie legten sich auf die Lauer und sahen das riesige Tier kommen und Wasser trinken. Als es in die Höhle kam, verdunkelte sich diese und sie fürchteten sich. Und einer von ihnen rief die Heilige Jungfrau um Hilfe an. Als er mit seinem Gebet geendet hatte, war der Bär zu Stein geworden! Und seitdem steht er, seit Jahrhunderten nun schon, neben der Zisterne...

Die Legende versucht, unverständliche Dinge zu erklären, jene Dinge, die mit dem Verstand nicht erfaßt werden können. Die wissenschaftliche Untersuchung der Höhle hat jedoch ergeben, daß dort in der Antike die Göttin Aremis in Gestalt eines Bären verehrt wurde. Das Fest der Artemis fand jedes Jahr irgendwann im Februar statt. Mit der Zeit wurden zwar die alten Götter vergessen, doch die heiligen Stätten vergaßen die Bewohner der Gegend nicht. Sie pilgern weiter in dieselbe Höhle, doch verehren sie dort nun die Heilige Jungfrau, die Panagia Akroudiotissa, deren Fest am 2.Februar zu Mariä Lichtmeß gefeiert wird. In ganz Griechenland und besonders auf Kreta trifft man auf antike kultische Bräuche, die, angepaßt an den orthodoxen Glauben, bis heute überlebt haben.

Am Rand der Höhle Arkoudiotissa steht die Kirche der Panagia. Hineingekauert in den Felsen,

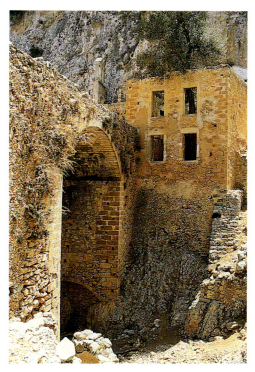

184. Ansicht von Katholiko.
185. Katholiko. Die Brücke.
186. Handschrift aus dem Museum im Kloster Gouverneto.

scheint sie die griechische Vergangenheit mit der griechischen Gegenwart zu verbinden.

Nach weiteren 15-20min. Fußweg beginnt der Pfad, steil nach unten zu führen. Auf einem der gegenüberliegenden Hänge (rechts) sieht man zwei kleine runde Häuser, in denen gerade ein Mensch Platz hat. Dort lebten Eremiten, vermutlich in der 2. byzantinischen Zeit. Wenn es auch keine historischen Quellen gibt, so haben sich doch viele Einzelheiten des asketischen Lebens in den Legenden überliefert. Einige Asketen lebten in unzugänglichen Höhlen und widmeten sich ausschließlich dem Gebet. Von diesen Höhlen aus ließen sie an einem Seil einen Korb hinab, in den Mitasketen einen Krug mit Wasser stellten und etwas Nahrung legten.

Nach einer kleinen Weile sieht man vor sich den Ausgang einer steilen und wilden Schlucht. Am Strand neben der Schlucht steht ein von den Wellen umspülter Felsen, der die Form eines Schiffes hat. Man sagt, daß dies ein Piratenschiff war, auf dem Piraten nach Akrotiri kamen, um die Klöster zu plündern. Sie ankerten an dieser Stelle und machten sich auf, um Katholiko, das am nächsten gelegene Kloster, zu überfallen. Als die Mönche das Schiff sahen, beteten sie und das Schiff wurde zu Stein. Man erzählt, daß jede Nacht um Mitternacht die Stimme des Kapitäns zu hören sei, der versuche, mit seinem Schiff davonzusegeln. Und so erinnern die schönen Legenden an einige der dramatischsten Augenblicke der Geschichtes des Gebiets. Es geht nun einen steilen Hang hinab. Die Mönche haben hier eine Treppe angelegt, um den Gläubigen den Weg zu erleichtern. Nach etwa 150 Stufen befindet man sich vor dem einsam gelegenen, schönen Klosterbau. Kurz vor dem Eingang liegt linkerhand eine tiefe Höhle. Man braucht eine Taschenlampe, um sich die Höhle anzusehen. Es wird erzählt, daß Ioannis Eremitis, der als Lokalheiliger verehrt wird, hier als Eremit lebte. Der Überlieferung nach soll er sich nur von Wurzeln ernährt und von den vielen Entbehrungen ein ganz gekrümmte Gestalt gehabt haben. Eines Abend ging er hinaus, um Wurzeln zu sammeln, und weil er einen so krummen Rücken hatte, sah er aus wie ein Tier, das sich auf allen Vieren fortgebewegt. Ein Jäger sah ihn und schoß mit einem Pfeil auf ihn. Der Heilige schleppte sich mit Mühe in seine Höhle und der Jäger folgte der Blutspur. Er traf den Heiligen noch lebend an, der dann kurz darauf starb. Und seitdem ist die Höhle ein bekannter Wallfahrtsort.

Einige Forscher vertreten die Ansicht, daß die Überlieferungen über den Heiligen Johannes den Eremiten, sich auf einen anderen Eremiten beziehen, der auch aus historischen Quellen bekannt ist und in der byzantinischer Zeit wirkte: den Heiligen Johannes den Fremden oder Eremiten. Der lokale Kult jedenfalls unterscheidet zwischen den beiden Heiligen und auf den Ikonen sind sie unterschiedlich dargestellt. Wie dem auch sei, die Erinnerungen an Geschehnisse in byzantinischer Zeit sind in dieser Gegend noch sehr lebendig.

Die Bauten des Klosters Katholiko wirken sehr erhaben und die Kirche ist aus dem Felsen gehauen. Vor vielen Jahrhunderten gab es hier nur die Höhlen der Eremiten und eine große Schlucht. Es war sehr schwierig, von der einen Seite der Schlucht auf die andere zu gelangen. Der Architekt des monumentalen Werkes fand eine praktische Lösung. Er baute eine gewaltige Steinbrücke über die Schlucht und nahm so der Schlucht ihren Schrecken. Auf der Brücke und den Stützkonstruktionen errichtete er die Gebäude, für die er auch die Abschüssigkeit des Geländes ausnutzte. Auf dem oberen Teil der Brücke legte er eine Platz an, den er mit Erdreich bedeckte. Und durch andere Gewölbekonstruktionen schuf er einen Hof vor der Kirche. Durch diese bautechnische Leistung schuf er ein bewundernswertes Werk, gab dem Raum Funktion und besänftigte die wilde Schlucht. Es lebten dort Mönche aus dem Kloster Gdernetto, zu dem das Kloster Katholiko zumindest im 17.Jh. gehörte. Es dürften in den gutgebaute Gebäuden auch die Pilger übernachtet haben, die von weit her zum Kloster kamen.

Der Rückweg ist sehr steil und daher ziemlich anstrengend. Aber man kann Pausen machen, sich dabei noch einmal die schöne Landschaft anschauen und auf die religiöse Bedeutung dieses Ortes besinnen. Sicherlich wird man die Anstrengung nicht bereuen...

187. (S.127) Kloster Agia Triada Mourtaron oder Tzagkarolon.
188. (S.128) Schönes Weihkreuz. Heute befindet es sich im Kirchenmuseum des Klosters Zoodochos Pigi Chartofylakas (Chrysopigi). Im selben Museum werden auch noch weitere Weihkreuze, einige bedeutende Ikonen der kretische Renaissance, herzogliche Urkunden, die Angelegenheiten des Klosters betreffen, u.a. aufbewahrt.

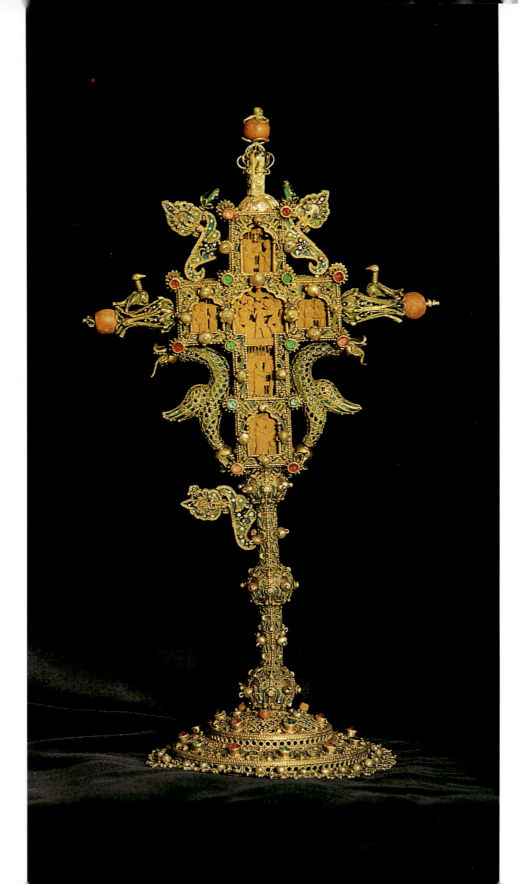

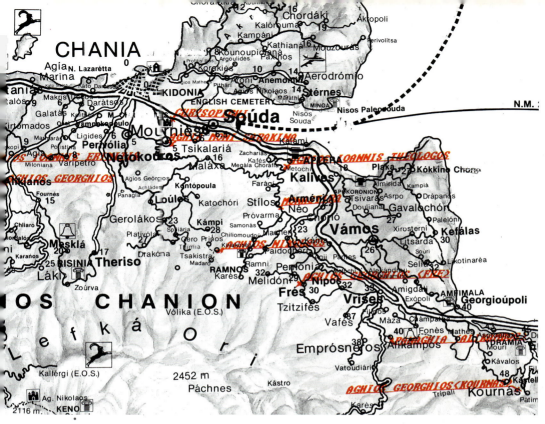

Route 11: Klöster in der Umgebung von Chania

KLOSTER CHRYSOPIGI

Man nimmt die Straße von Chania nach Souda, biegt bei km 3 nach rechts ab und gelangt nach einem Kilometer zum Kloster. Heute ist es ein Nonnenkloster, doch früher lebten in der Klosterfeste Mönche, die in den Wirren der Jahrhundert mit vielen Opfern ihre eigene Geschichte geschrieben haben. Über dem Haupteingang sieht man das Hauswappen seines Stifters, des Arztes Ioannis Chartofylakas, eines Mannes, der während der Pestepedemie von 1595 wertvolle Dienste leistete, für die er vom venezianischen Staat geadelt wurde. An der Stelle des Klosters dürfte vorher ein altes, kleines Kloster bestanden haben, das von Chartofylakas erneuert wurde. Der Arzt vermachte dem Kloster große Ländereien und schuf so den Grundstock für seinen späteren Aufschwung. Ioannis Chartofylakas verfaßt auch die Klosterordnung, das Typikon. Dieses Typikon ging verloren, doch wurde es von den späteren Mönchen durch ein neues ersetzt, das den Bedingungen, die sich durch die türkische Eroberung herausgebildet hatten, angepaßt war. Aber auch diese neue 'Version' des ursprünglichen Textes, die sich erhalten hat, enthält viele Informationen darüber, wie Ioannis Chartofylakas die Verwaltung des Klosters organisiert hatte. Das Typikon umfaßte auch eine Bestimmung, die festlegte, daß im Kloster Lese- und Schreibunterricht abzuhalten sei. Die Mönche versuchten, so gut es ging, dieser Verpflichtung nachzukommen. Bekannt ist heute, daß der Unterricht zumindest während des 19.Jhs. stattfand. Für die früheren Jahrhunderte fehlen die entsprechenden Quellen.

Heute kann man das wunderbare Katholikon bewundern, eine Dreikonchenkirche aus dem 17.Jh., mit einer Vorhalle aus dem Jahr 1863 stammt. In der Kirche haben sich bemerkenswerte Ikonen aus dem 19.Jh. erhalten, ebenso ein herrliches holzgeschnitztes Templon. Wichtige Ikonen aus dem 15., 16. und 17.Jh. kann man im Museum des Klosters sehen, in dem auch liturgisches Gerät, Urkunden, die das Kloster betreffen, sowie alte Handschriften aufbewahrt werden. Heute ist es ein Frauenkloster und die Nonnen, die sich dort niedergelassen haben, schaffen eine neue Tradition und führen das Kloster in eine neue Blütezeit geistlicher Ausstrahlung. Es handelt sich um junge Nonnen,

die ihr Gemeinwesen nach den traditionellen Regeln der Orthodoxie organisiert haben. Sie haben die Gebäude in ihrer alten Gestalt restauriert, haben eine Computerabteilung für die Herausgabe von religiösen Schriften eingerichtet und verfügen über eine Hagiographiewerkstatt, in der etwa zehn Nonnen beschäftigt sind. Es werden dort hervorragende Kopien byzantinischer Ikonen hergestellt.

Das erste Hälfte 17.Jhs. war für das Kloster Zoodochos Pigi oder Chrysopigi, wie es später allgemein genannt wurde, eine Zeit der Blüte. Die fruchtvolle Phase wurde aber jäh unterbrochen, als 1645 die Belagerung von Chania begann. Abt von Chrysopigi war in jener Zeit Filotheos Skoufos, ein begnadeter Hagiograph. Er hatte die Kunst des Ikonenmalens in Chania erlernt und sich sehr wahrscheinlich im Kloster eine Werkstatt eingerichtet. Ikonen von ihm haben sich nicht nur in Chrysopigi erhalten, sondern auch auf der Insel Zakynthos, wohin er sich nach der Eroberung Chanias durch die Türken flüchtete. Er zählt zu den bedeutendsten Hagiographen des 17.Jhs.

Urkunden aus venezianischen Archiven beleuchten noch eine andere wichtige Seite seiner Persönlichkeit. Filotheos war nicht nur ein großer Maler sondern auch ein tapferer Kämpfer. Mit einer Gruppe von Mönchen bekämpfte er die Türken, verbarrikadierte sich im Kloster und widersetzt sich den Eroberungsplänen der türkischen Truppen. Mit knapper Not gelang es ihm schließlich, zu entkommen und auf die Ionischen Inseln zu flüchten. Mit sich nahm der die Zimelien des Klosters, um sie vor den Türken zu retten.

Das Kloster Chrysopigi gehört zu den Klöstern, die am meisten unter den verschiedenen Eroberern zu leiden hatten. Im Jahr 1692, als sich Kreta bereits in türkischer Hand befand, landete der Venezianer Motsenigo auf der Insel, um die Türken zu vertreiben. Der Versuch mißlang und auf seiner Flucht brannte der das Kloster Chysopigi nieder, um die Festung nicht den Türken zu überlassen. Die folgenden Jahre waren sehr schwer. Das Ökumenische Patriarchat in Konstantinopel sorgte für eine Zusammenlegung des Klosters mit dem nahegelegenen (heute verlassenen) Kloster Agios Eleftherios im Dorf Mournies. Chrysopigi blieb über einen längeren Zeitraum verlassen und erst zu Beginn des 18.Jhs. wurde es von den Brüdern Kapsalonis, die sich niederließen, wiederaufgebaut.

Da es in der Nähe von Chania lag, wo viele türkische Janitscharen leben, wurde das Kloster oft geplündert und viele Mönche ermordet. Zu einem solchen Massaker kam es kurz vor dem Befreiunskampf von 1821. Der nationale Aufstand war der Anlaß, daß das Kloster zerstört und verlassen wurde. Doch nach 1830 war es wieder ein bedeutendes religiöses Zentrum. Seine Äbte wurden Bischöfe von Kydonia (Chania). Der Niedergang des Klosters setzte nach 1900 ein und zu Beginn der 70er Jahre stand es kurz vor seiner Auflösung. Durch seine Neubesiedlung mit Nonnen erhielt wurde dieser heilige Ort zu neuem Leben erweckt.

KLOSTER SARAKINAS

Es liegt in der Nähe von Mournies und in seiner Architektur lassen sich viele Elemente der Klosterarchitektur erkennen, wie sie sich auf dem Berg Athos herausgebildet hat. Das Kloster ist eine Dependance des Klosters Megisti Lavra auf dem Athos. Der Überlieferung nach wurde das Kloster gegründet, als die Insel nach 150 Jahren Araberherrschaft von den Byzantinern befreit wurde. An der Stelle des Klosters soll sich damals der Palast des arabischen Statthalters befunden haben, umgeben von fruchtbaren Feldern. Nach der Eroberung überließ es der byzantinische General und späterer Kaiser Nikephoros Phokas seinem Freund, dem Heiligen Athanasios, der dort ein kleines Kloster erbaute. Dieses Kloster wurde Sarakinas genannt, weil sich dort die Residenz des sarazenischen Statthalters befunden hatte. Athanasios gründete später das Kloster Megisti Lavra auf dem Berg Athos, für dessen Bau er die den Sarazenen in Chandax (Irakleio) abgejagte Kriegsbeute verwendete.

Die Untersuchung des Archivmaterials hat ergeben, daß das Kloster einer reichen Familie der Gegend gehörte, die es im 16.Jh. der Megisti Lavra überließ. Über die Zeit davor ist nichts bekannt. Es folgte jedoch eine langjährige Auseinandersetzung zwischen der Megisti Lavra und dem Kloster Agia Triada Mourtaron, das

189. Der Heilige Basileios. Von der alten hölzernen Königspforte im Kloster Chrysopigi.
190. Der Heilige Nikolaus. Ikone des Malers Emmanuil Skordilis (17.Jh.). Kloster Chrysopigi.
191. Der Tod Mariens. Detail von einer Ikone im Kloster Chrysopigi (16.Jh.).

ebenfalls Ansprüche auf das Kloster Sarakinas erhob. Schließlich wurde es der Megisti Lavra zugesprochen, in deren Besitz sich das reiche kretische Kloster seither befindet. Seit jener Zeit ist es eine Dependance. Früher lebten dort ständig fünf Vertreter des Klosters Megisti Lavra. Heute wohnt dort nur noch ein Aufseher, der vom Berg Athos gesandt wird.

In Mournies liegen die Ruinen des Klosters Agios Eleftherios. Erhalten haben sich die Dreikonchenkirche und Ruinen überwölbter Gebäude aus der Zeit der Venezianerherrschaft. Das Kloster ist verlassen. Seine Kirche war früher die Bischofskirche des Dorfes. Hier wurde Eleftherios Venizelos, der größte Politker der neueren griechischen Geschichte getauft.

In der Nähe von Mournies befindet sich die Kirche des alten Klosters Profitis Ilias, ein beeindruckender einräumiger Bau, in dessen Umgebung noch Spuren der Fundamente der alten Klosterbauten zu erkennen sind.

Von dem Dorf aus führt ein befahrbarer Feldweg zu verschiedenen Monumenten in der Umgebung (am besten fragt man Einheimische nach dem genauen Weg). Als erstes trifft man auf das alte Kloster Agia Kyriaki, das zumindest im 17.Jh. zum Kloster Chrysopigi gehörte und heute auf Initiative der Nonnen von Chrysopigi restauriert wird. Von dort führt ein steiniger Pfad auf die Anhöhen südlich des Klosters. Etwa hundert Meter weiter oben trifft man auf die Höhlenkirche Agios Antonios, die früher eine Einsiedelei war.

Ein anderer Weg führt von Mournies aus zum heute unbewohnten Kloster Agia Triada in Pervolia (Kydonia). Dieses Kloster gehört zum Sinai-Kloster. Auch wenn es heute unbewohnt ist, lohnt es sich, die alte Olivenmühle zu besichtigen, die den Charakter des Klosters als Dependance belegt, denn als solche war es verpflichtet, das Hauptkloster (auf Sinai) mit Produkten, wie Olivenöl, zu beliefern oder Geld zu senden.

KIRCHEN UND DENKMÄLER.
Von Chania aus kann man noch einige andere bedeutende Denkmäler der Gegend besuchen. Das Dorf Alikianos an den Ausläufern der Weißen Berge (Lefka Ori) ist nur 12km von der Stadt entfernt. Im Dorf hat sich die Kirche Agios Georgios aus dem Jahr 1243 erhalten. Die Wandmalereien wurden 1430 von dem Maler Pavlos Provatas geschaffen. Am Portal gab es eine Gedenkinschrift, die lautete "Barbarossa

192. Ansicht des Klosters Chrysopigi vom Haupteingang aus.
193. Christus auf dem Thron. Ikone des 17.Jhs. aus dem Kloster Chrysopigi.

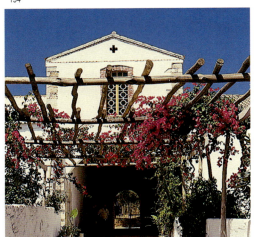

194. Ansicht des Klosters Sarakinas.
195. Die Kirche Profitis Ilias in der Nähe des Dorfes Mournies.
196. Einsiedeleien, die in der Nähe des Klosters Agia Kyriaki, einer Dependance von Chrysopigi, liegen.

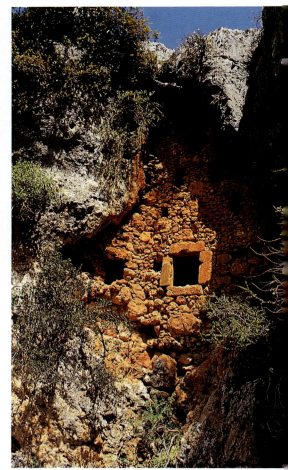

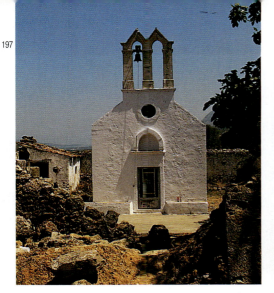

kam hier vorbei"; gemeint ist der gefürchtete Pirat, der Kreta im Mittelalter wiederholt angriff und plünderte. Zwischen Alikianos und dem Dorf Koufos liegt in einem endlosen Orangenhain die schöne Kirche Zoodochos Pigi, die von dem kretischen Heiligen Johannes dem Eremiten oder dem Fremden im 11.Jh. errichtet worden sein soll.

Von Chania aus kann man auch einen interessanten Ausflug nach Apokoronos unternehmen. In der Nähe des Dorfes Stylos liegen im Antikengelände von Aptera die Ruinen des Kloster Agios Ioannis Theologos, das eine Dependance des großen gleichnamigen Klosters auf Patmos war. In Stylos selbst befindet sich die aufgrund ihrer Größe und Architektur sehr eindrucksvolle Kirche Monastira (oder Panagi Zerviotissa). Sie wurde in der 2. byzantinischen Zeit erbaut. Von Stylos fährt man weiter nach Kyriakoselia, wo die byzantinische Festung Agios Nikolaos liegt. Die Festung war zwischen 1217 und 1236 ein wichtiger Stützpunkt der kretischen Aufständischen, die mit der Unterstützung des Kaisers von Nikaia, Johannes Vatatzes, gegen die venezianischen Oberherren kämpften. Die Kirche Agios Nikolaos wurde im 11.Jh. erbaut und im 13.Jh. mit herrlichen Wandmalereien ausgeschmückt.

Ausgemalte Kirche gibt es ferner in Fre (Agios Georgios), in Alikampos (Panagia mit Ikonen des bedeutenden Malers Ioannis Pagomenos), in Kourras (Agios Georgios und Agia Eirini) u.a.

197. Das Kloster Agios Georgios in Charontia bei Mournies. Während der Venezianerherrschaft gehörte es der Familie Bournazos. Bischof Anthimos Bournazos stiftete es im 18.Jh. dem Kloster Agia Triada Mourtaron.

198. Die Kirche Theotokos, die zwischen den Dörfern Koufos und Alikianos in der Provinz Kydonia liegt.

199. Die Kirche Panagia Zerviotissa in der Nähe von Stylos/Apokoronas (Fotografie von Chr. Stefanakis).

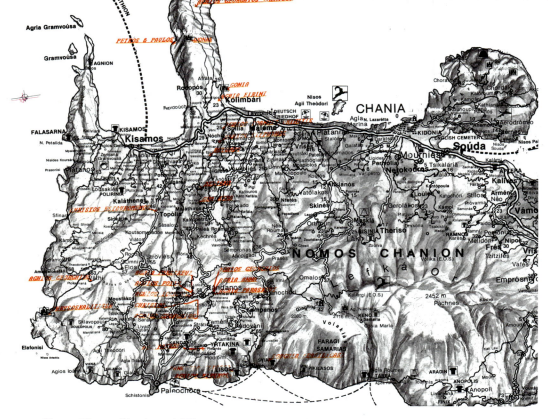

Route 12: von Chania nach Kisamos
KLOSTER GONIA

Dieses Kloster liegt an landschaftlich sehr schöner Stelle im Innern einer fast rechtwinkligen Bucht in der Nähe des Dorfes Kolympari. Es gehört zu den größten und am besten erhaltenen Klöstern auf Keta. In seiner Anlage ähnelt es einer Festung und das Katholikon ist eine Dreikonchenkirche mit zwei Kapellen, wie dies auch bei anderen Klöstern in der Umgebung von Chania der Fall ist (Agia Triada, Gouverneto, Chrysopigi, Agios Eleftherios). Genau gegenüber vom Eingang liegt das alte gemauerte Quellbecken des Klosters mit einer schönen Inschrift:

ΠΗΓΗ ΧΑΡΙΤΟΒΡΥΤΕ ΥΔΩΡ ΜΟΙ
ΒΛΥΣΟΝ
ΥΔΩΡ ΓΑΡ ΖΩΗΡΟΝ ΗΔΙΣΤΟΝ
ΠΑΝΤΙ ΓΕΝΕΙ

(Anmutige Quelle, dein Wasser spende mir, frisches Wasser nämlich ist immer eine Lust.)

Wenn man über das Quellbecken hinweg auf den Berghang schaut, sieht man eine zweischiffige Kirche, die heute den Mönchen von Gonia als Friedhofskirche dient. Es handelt sich um die erste Klosterkirche von Gonia. Es gab dort ein kleines Kloster, dessen Mönche zusammen mit Mönchen anderer Klöster das große Kloster Gonia besiedelten. In der Gegend bestanden vor Beginn des 17.Jhs. viele kleine Klöster. Und die Mönche dieser Klöster beschlossen, ein großes, nach dem koinobitischen System organisiertes Kloster zu gründen. Solche Klöster waren:

1. Das Kloster Agia Eirini in der Nähe von Kolympari. Heute ist es verlassen, doch hat sich der Klosterkomplex erhalten, in der Form, die er durch die dort im 19. und Anfang des 20.Jhs. vorgenommenen Bauarbeiten erhielt.

2. Das Kloster Gra Kera im gleichnamigen Dorf, heute aufgegeben.

3. Das Kloster Agios Georgios in Menies. Es ist ein bedeutendes Kloster, das am Spatha-Kap unweit eines antiken Tempels liegt. Der Weg dorthin ist weit und die Straße sehr schlecht. Wenn man einen Wagen mit Allradantrieb besitzt, kann man die Straße von Rodopou aus nehmen, ansonsten kann man mit einem Schiff bis ans Kap fahren und von dort aus zu Fuß bis zum Kloster Agios Georgios gehen. Nahe dem Katholikon gibt es einen Wehrturm, in den sich die Mönche bei Piratenüberfällen flüchteten. Aus

der Venezianerzeit haben sich überwölbte Bauten erhalten. Die Kirche war mit Wandmalereien geschmückt.

4. Das Kloster Agios Ioannis Gkiona. Es ist heute verfallen. Der Feldweg, der von Rodopou aus dorthin führt, ist besser als der Weg nach Menies.

5. Das Kloster Petros und Pavlos. Es liegt an der Küste und in seiner Kirche gibt es Wandmalereien. Es ist eine halbe Stunde zu Fuß vom Kloster Agios Ioannis Gkiona entfernt.

6. Das Kloster Agios Ioannis Erimitis in Spilia. Einsiedelei und Kloster. Die Kirche des Klosters befindet sich in einer großen Höhle im Dorf Spilia.

Das Kloster Gonia war ein Anziehungspunkt für die Asketen und Eremiten der Gegend. Es wuchs sehr schnell in den letzten Jahrzehnten der Venezianerherrschaft, doch wurde diese Entwicklung durch den Angriff der Türken im Juni 1645 unterbrochen. Die Türken landeten an der Küste unweit des Klosters, wodurch der monastischen Gemeinschaft viele Probleme entstanden. Der erste Stifter des Klosters war der Mönch Vlassios aus Zypern. Im Kloster lebten bedeutenden Männer der Kirche, darunter der

200. Ansicht des Klosters Gonia.
201. Das Kloster Agios Ioannis Gkionas. Ein altes Kloster und heute ein bedeutender Wallfahrtsort. Man sieht die Bucht von Kisamos.

202. Engel. Von der Königspforte im Kloster Odigitria in Gonia.

203. Die Heilige Jungfrau. Von der Königspforte im Kloster Gonia.

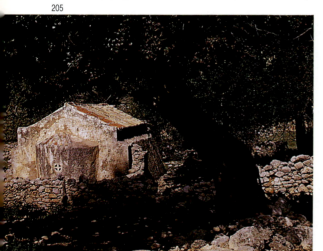

Hymnenschreiber Benedikt Tzagkarolos. Der Aufbau des Klosters wurde im 17. Jh. von bedeutenden Familien der kretischen Gesellschaft, z.B. der Familie Mormoris, unterstützt.

Nach der Eroberung Kretas durch die Türken versuchten die Mönche, das Kloster zu reorganisieren und seinen Besitz zu wahren. Der sehr tatkräftige Abt Isaïas Diakopoulos verfaßte das Typikon des Klosters. Diese Klosterverfassung sah unter anderem vor, daß im Kloster Lesen und Schreiben sowie Kunsthandwerk unterrichtet werden sollten! Es ist eines der wenigen kretischen Klöster, von dem die Namen aller Äbte aus den ersten Jahren der Türkenherrschaft bis heute bekannt sind. Diese Äbte setzten sich tatkräftig für das Kloster ein. Der Befreiungskampf von 1821 war entscheidend für die Zukunft des Klosters. Es wurde zwar von den Türken geplündert, doch hatten die Mönche Vorsorge getroffen und 40 wertvolle Ikonen und liturgisches Gerät mit dem Schiff in eine sicherer Gegend Griechenlands gebracht, von wo sie erst nach dem Befreiugskampf wieder ins Kloster zurückkehrten.

Auch im Aufstand von 1866 spielte das Kloster eine bedeutende Rolle, wobei sich

205. Menies, auf der Halbinsel Spatha. Das alte Kloster Agios Georgios.
206. Venezianische Bauten im Kloster Agios Ioannis Gkionas.
207, 208. Details von der Kreuzigungsikone, 17. Jh. Kloster Gonia.

besonders die Priestermönche Parthenios Peridis und Parthenios Kelaïdis hervortaten. Das Kloster wurde ein weiteres Mal geplündert. Doch wie das Kloster als erstes die türkischen Eroberer erblickt hatte, so sollte es auch die ersten griechischen Befreiungstruppen sehen, die 1897 unter Führung des griechischen Oberst Timoleon Vassos in der Nähe des Klosters landeten. Der Tag der Freiheit war nahe. Im folgenden Jahr wurde Kreta zu einem selbstverwalteten Staat erklärt und nach langen und blutigen Kämpfen 1913 mit Griechenland vereinigt.

Im Kloster Gonia gibt es ein Museum mit vielen Ikonen und Handschriften. Zu diesen Ikonen gehören neben der Kreuzigung Christi des Malers Konstantinos Palaiokapas und der Ikone des Heiligen Nikolaus von demselben Maler mit der Jahreszahl 1637 die folgenden:

Geschichte des Joseph, 1642 (eine schöne vielfigurige Ikone).

Heiliger Nikolaus (außer der Ikone von Palaiokapas gibt es noch eine andere, aus dem 17.Jh.).

Heiliger Nikolaus, 15.Jh. Man nimmt an, daß sie ein Werk des Malers Anreas Ritzos ist.

Verklärung Christi, 15.Jh.

Barmherzige Muttergottes, 15.Jh. vermutlich von Andreas Ritzos.

Jesus Hoher priester, 15.Jh. vermutlich von Andreas Ritzos.

Im Museum gibt es auch noch andere Zimelien, darunter zwei alte Kodizes des Klosters mit vielen Daten zu seiner Geschichte, andere Handschriften und liturgisches Gerät.

DAS BYZANTINISCHE KLOSTER AGIA VARVARA

Die Reise nach Kisamos sollte nicht enden, bevor man nicht die Rotonta, eine schöne byzantinische Kirche, die früher Bischofskirche der Diözese Kisamos war, und das alte Kloster Agia Varvara besucht hat. Es liegt landschaftlich sehr schön, umgeben von üppiger Vegetation in der Siedlung Lantziana. Erhalten haben sich die Ruinen des partiarchalischen und kaiserlichen Klosters Agia Varvara. Nach der Eroberung Kretas durch die Venezianer (1211), wurde das Kloster von dem lateinischen Patriarchen von Konstantinopel in Besitz genommen, der seine Ländereien an Kreter verpachtete.

Heute kann man die Ruinen der Kirche und Spuren anderer Bauten sehen. Zu den vielen schönen Wandmalereien, die sich in der verfallenen Kirche (ohne Dach) erhalten haben,

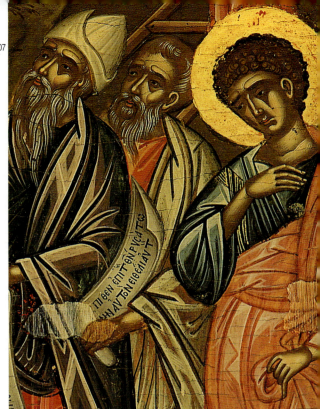

gehört auch eine Darstellung des Mönchs, der das Kloster gründete.

Es ist nicht bekannt, wann das byzantinische Kloster Agia Varvara aufgelöst wurde.

KLOSTER CHRYSOSKALITISSA

Dieses Kloster liegt an der Westküste von Kreta. Auf dem Weg dorthin fährt man durch eine sehr schöne Landschaft und die sogenannten Kastaniendörfer, doch ist die Straße streckenweise nicht sehr gut. Das Kloster Chrysoskalitissa liegt auf einem steilen Felsen an der Küste. Es gibt eine Treppe, die hinaufführt. Bei einem Rundgang durch das Kloster fühlt man die jahrhunderte alte Tradition, die diese Gemäuer erfüllt. Es wird erzählt, daß eine der Stufen, die auf den Felsen hinaufführen, aus Gold sei, daß sie aber für die heutigen sündigen Menschen nicht sichtbar sei. Nach anderen soll es diese Stufe aus Gold früher gegeben haben, doch seien die Mönche in den ersten Jahren der Türkenherrschaft gezwungen gewesen, das Gold zu verkaufen, um dem Patriarchat in Konstantinopel bei der Begleichung seiner Schulden zu helfen. Es scheint, daß solche Legenden in der einst sehr einsamen Gegend durch die Jahrhunderte weitererzählt wurden. Auf venezianischen Karten ist das Kloster mit dem Namen Gounoskalitissa angeführt.

In der Zeit der Venezianerherrschaft gab es an dieser Stelle ein Kloster, von dem aber so gut wie nichts bekannt ist. Nur ein türkischer Reisender der Zeit hat vermerkt, daß dort ein großes koinobitisches Kloster stand, das dem Heiligen Nikolaus geweiht war. Es befand sich dort, wo heute die Kirche Agios Panteleïmonas steht. Offensichtlich bestanden beide Klöster zu Beginn der Türkenzeit. Später wurden sie verlassen und blieben jahrhundertelang unbewohnt. Unbekannt ist ebenfalls, ob in jener Zeit in dem Gebiet Eremiten lebten, wie es in früheren Jahrhunderten der Fall gewesen sein dürfte.

Bis etwa Mitte des 19 Jhs. stand das Kloster Chrysoskalitissa leer. Dann ließ sich ein Mönch aus Sfakia dort nieder, doch erlebte das Kloster nie wieder eine Blütezeit. Zu verschiedenen Zeiten wurde es mit dem Kloster Gonia zusammengelegt, von dem Mönche vorübergehend Chrysoskaliotissa in als Aufseher lebten.

Heute leben hier zwei Mönche.

Bewunderswert ist die harmonische

Anpassung der alten Gebäude an den steilen Felsen. Viele neue Gebäude haben zwar den Gesamteindruck verändert, doch hat das Kloster noch einige typische Elemente seiner ursprünglichen Architektur bewahrt.

In früheren Zeit war die Westküste in der Gegend um das Kloster Chrysoskalitissa unbewohnt. Es gab nur einige Häuser, in denen die Bauern sommersüber wohnten. Das Kloster war damals die einzige Zufluchtstätte für die Fischer und Seeleute die in einen Sturm gerieten.

DIE FAHRT. Ein Besuch der Gegend von Kisamos und Selinos ist sehr reizvoll, denn man hat die Möglichkeit, einige der wichtigsten mit Wandmalereien ausgeschmückten Kirche Kretas zu besichtigen. Wenn man auf der Straße westlich des Klosters Gonia weiterfährt, trifft man nach kurzer Zeit auf das imposante Gebäude der Orthodoxen Akademie Kreta. Die Akademie ist eine moderne christliche Lehr- und Forschungsstätte mit einem weitreichenden Aufgabenbereich, die u.a. internationale Kongresse durchführt. Wenn man den Weg wieder zurückfährt, kommt nach Kolympari, wo das Kloster Gonia liegt. Von dort aus kann man zum Dorf Spilia fahren, wo es eine sehr schöne Sammlung nachbyzantinischer Ikonen und die eindrucksvolle Höhle des Lokalheiligen Johannes des Fremden mit einer Kirche in der Höhle gibt. Von Spilia aus gelangt man nach Drakona. Dort steht die Kirche Agios Stefanos aus dem 14.Jh. mit Wandmalereien, die Szenen aus dem Leben des Heiligen zeigen. Der Ort ist sehr idyllisch, denn die Kirche ist von riesigen Bäumen umgeben. Ganz in der Nähe des Dorfes Episkopi steht die bedeutende Kirche Archangelos Michaïl, bekannter als "Rotonta Kisamou". Seit frühchristlicher Zeit war sie der Sitz eines Bischofs und die Kunstzeugnisse aus der Zeit sind bewundernswert. Es haben sich Teile des Mosaikfußbodens erhalten sowie ein steinernes Taufbecken, was bedeutet, daß es dort ein altchristliches Baptisterium gab. In der Kirche hat man mehrere Schichten von Wandmalereien aus verschiedenen Zeiten entdeckt. Wie es scheint, wurde die Kirche mehr als fünf Mal ausgemalt! Die Architektur der Kirche ist beeindruckend. Der große rechteckige Komplex umschließt einen runden Teil, der von einer großen Kuppel beherrscht wird. Wenn man auf der Straße von Episkopi weiter nach Westen fährt, kommt man nach Deliana. Die Kathedrale

209. Das Kloster Chrysoskalitissa, an der Westküste von Kreta.
210. Der Eingang des Klosters Chrysoskalitissa. Es ist überliefert, daß eine der Treppenstufen, die den Fels hinaufführen, aus Gold war (oder ist...).
211. Ansicht des Klosters Chrysoskalitissa.

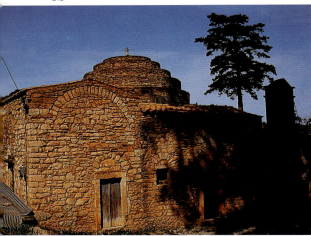

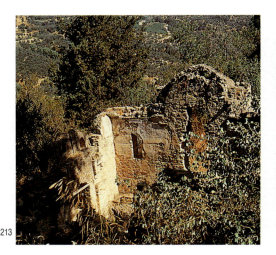

212. Die Rotonta in Kisamos.
213. Die Ruinen des byzantinischen Klosters Agia Varvara in Lantziana/Kisamos.
214. Die Höhle des Heiligen Johannes des Eremiten in Spilia/Kisamos.
215. Menies. Die Kirche und der Wehrturm des Klosters Agios Georgios.

des Dorfes ist mit schönen Ikonen ausgestattet. Besonders interessant sind die Höllenstrafen der Verdammten, wie sie sich der kretische Maler vorstellte, und auch die übrige Ausschmückung der Kirche. Von Deliana aus gelangt man nach Gra Kera, wo es ein gleichnamiges kleines Kloster gab. Um die Kirche herum gibt es einige restaurierte Gebäude, doch die Kirche hat ihre architektonische Gestalt bewahrt (eine Einraumkirche mit Reliefs am Portal).

Nach Kolympari zurückgekehrt, kann man die Reise fortsetzten und noch andere Denkmäler der Gegend besichtigen. Von Kolympari aus fährt auf der Straße, die nach Kastelli führt, nach Westen. Wenn man die verlassenen Klöster in Menies, Gkiona und Agios Pavlos besuchen möchte, muß man rechts

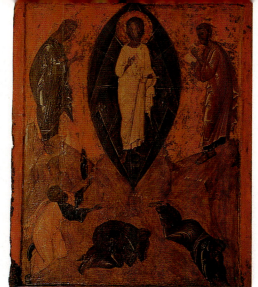

in Richtung Rodopou abbiegen. Dort fragt man nach dem weiteren Weg, doch sollte man auf jeden Fall einen Wagen mit Allradantrieb haben, denn die Straße zu den verlassenen Klöstern ist ziemlich schlecht. Eine der nächsten Abzweigungen, wiederum nach rechts, führt zum Dorf Ravdouchas, in dem die mit Wandmalereien ausgeschmückte Kirche Agia Marina steht. Eine andere Abzweigung (nach rechts) führt nach Ennia Choria. Man kann im Dorf Topolia anhalten und sich dort die Einsiedelei ansehen, die dort bis ins 19.Jh. bestand und deren Katholikon die Kirche Estavromenos war. In dieser Kirche haben sich einige bemerkenswerte Wandmalereien erhalten. Die Strecke ist landschaftlich sehr reizvoll und führt oft an riesigen Kastanienbäumen vorbei.

216. Johannes der Täufer. Von einer Ikone im Kloster Gonia.
217. Verklärung Christi. 15.Jh. Museum Kloster Gonia.
218. Wandmalereien aus Deliana/Kisamos.

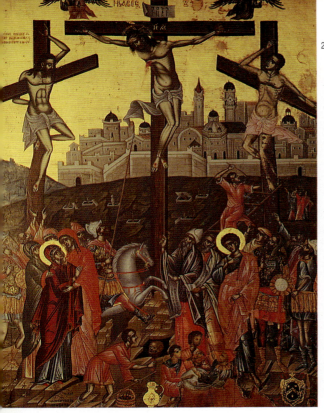

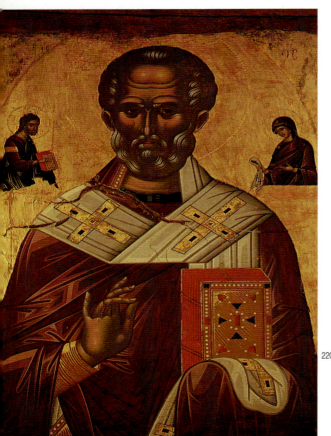

219. Kreuzigung. Ikone des Hagiographen Konstantinos Palaiokapas (17.Jh.).
220. Der Heilige Nikolaus (15.Jh.). Kloster Gonia.
221. Wandmalerei aus Deliana/Kisamos. Höllenstrafen.
222. Altes Baumaterial wurde für die Errichtung der Kirche wiederverwendet. (Fotografie von Chr. Stefanakis).
223. Kloster Agioi Pateres in Azogyres. Das holzgeschnitzte Templon.
224. Ansicht des Klosters Agioi Pateres.

Im Dorf Kouneni sollte man sich die zweischiffige Kirche Archangelos Michaïl und Agios Georgios mit interessanten Wandmalereien ansehen. Von dem Dorf aus führt gut befahrbarer Feldweg zum Kloster Chrysoskalitissa.

IN SELINO

Die Gegend von Selinos hält für den an byzantinischen Denkmälern interessierten Besucher einige sehr seltene Schätze bereit. Es ist die Gegend mit den meisten ausgemalten Kirchen auf Kreta. Wenn man sie alle besuchen wollte, so bräuchte man sehr viel Zeit, denn es sind mehr als 130! Hier wird die Route vom Dorf Tavronitis nach Süden vorgeschlagen (Palaiochora, Sougia), an der einige representative Beispiele ausgemalter Kirche liegen. In der Siedlung Anisaraki bei Kantanos steht die Kirche Agia Anna, in der auch die Stifter der Kirche in Wandmalereien dargestellt sind. An der Nordwand sieht man die Darstellung der Heiliger Anna, die Maria stillt,

und in der Westapsis ist der Heilige Georg, wie allgemein üblich, zu Pferd dargestellt. In der Siedlung Trachinakos gibt es vier Kirchen, die mit Wandmalereien ausgeschmückt sind: die Kirche Agia Paraskevi mit Darstellungen der Höllenstrafen sowie die Kirchen Profitis Ilias, Agios Fotis, und Agios Ioannis. Im Kirchhof von Profitis Ilias hat man Architekturteile einer altchristlichen Basilika gefunden, die an derselben Stelle stand. Wandmalereien haben sich auch in der Kirche Panagia in Kantanos bewahrt. Im Dorf Plemeniana haben sich die Kirchen Christos mit Einmeißelungen aus dem Jahr 1362 und Agios Georgios mit Wandmalereien aus dem 15.Jh., darunter auch Spuren von Darstellungen der Stifter und der Höllenstrafen, erhalten.

Im Süden der Provinz kann man in Sougia die Spuren prächtiger altchristlicher Basiliken sehen. Der Mosaikfußboden in einer dieser Basiliken ist ein wichtiges Beispiel für die Kunst der Zeit. Es umfaßt geometrische Dekormotive und christliche Symbole. In derselben Gegend befindet sich auch die schöne Kirche Agia Eirini mit ihrer eigentümlicher Kuppel.

In Lisos kann man das Antikengelände besichtigen und die beiden kleinen, aber sehr beeindruckenden Kirchen Panagi und Agios Kirykos. Die Kirche Panagia ist auf den Ruinen einer altchristlichen Basilika und, vielleicht, ganz in der Nähe eines antiken Heiligtums des Asklepios erbaut. Der kretische Handwerker des 14.Jhs. fand reichliches Baumaterial von den Ruinen der antiken Bauten und verwendete es auf phantasievolle Weise. Um das Gebäude zu vollenden, verwendet er Teile des griechischen Tempels, der byzantinischen Kirche sowie Architekturteile der römischen Antiken der Gegend. Und so kann man in die Kirche eingemauert antike Säulenkapitelle, Teile eines römischen Sarkophags u.a. sehen. Ähnlich verfuhr auch der Handwerker, der die Kirche Agios Kirykos baute, die ebenfalls auf den Ruinen einer byzantinischen Basilika errichtet wurde.

225. Der Erzengel Michael. Wandmalerei aus der Kirche von Agioi Pateres in Foria/Kisamos.
226. Handgeschriebener Kodex aus dem Kloster Gonia.

Route 13: Klöster in der Umgebung von Rethymno

KLOSTER ARSANI

Wie historische Quellen belegen, bestand dieses Kloster, das östlich von Rethymno im Ort Pagkalochori liegt, bereits Ende des 16.Jhs. Es dürfte in der 2. byzantinischen Zeit (961-1204) von einem Mönch namens Arsenios gegründet worden sein, von dem es seinen Namen erhielt (Arsenios > Arnsanios > Arsani), wie dies auch bei anderen Klöstern der Fall ist (Arkadi, Areti u.a.). Als Kloster Arsani ist es seit dem Ende des 16.Jhs. bekannt, wie aus einem Schreiben des Patriarchen von Alexandreia Meletios Pigas hervorgeht. In jener Zeit wurde auch die Kirche Agios Georgios, das Katholikon des Klosters, eingeweiht. Es ist also möglich, daß das alte byzantinische Kloster aufgrund der Piratenüberfälle verlassen worden war und dann kurz vor 1600 neubesiedelt wurde, d.i. in einer Zeit, in der Dutzenden von Klöstern auf der ganzen Insel wiederaufgebaut wurden. In einer alten Handschrift des Klosters werden als Stifter die Mönche Gerasimos und Filotheos angeführt. Es handelt sich offensichtlich um seine Erneuerer.

Nach 1600 entwickelte sich das Kloster sehr schnell. Aus venezianischen Urkunden geht hervor, daß orthodoxe Christen ihm sein Vermögen vermachten. Auf dem Türsturz des Refektoriums steht die Jahreszahl 1645, was bedeutet, daß noch kurz vor der Landung der Türken in Arsani Bauarbeiten unternommen wurden. Dieses Gebäude, das Refektorium, ist eines der bemerkenswertesten des Klosters, wie auf einer Zeichnung aus dem 18.Jh. zu sehen ist. Diese Arbeiten wurden unterbrochen, als die Türken 1646 die Gegend eroberten. Ein Dichter der Epoche erzählt, daß der Abt von Arsani Iosif versuchte, Husein Pascha zu vergiften. Es brachte dem türkischen Kommandanten Geschenke ist sein Zelt, die er vergiftet hatte. Doch gab der Pascha den ersten Bissen seinem Hund, der starb sofort, und der Mordanschlag wurde entdeckt... Die Informationen über die folgenden Jahre belegen, daß das Kloster mit vielen Schwierigkeiten zu kämpfen hatte, mal mit den hohen Steuern, mal mit Angriffen der Türken. Es scheint jedoch, daß die Mönche versuchten, den Bewohnern der Gegend beizustehen und bei der Gründung einer Schule in Rethymno halfen (um 1800). Der Betrag des Klosters im Bereich der Bildung war auch in den nächsten Jahren bis etwa Ende des 19.Jhs. von großer Bedeutung. Der englische Reisende Robert Pasley, der 1834 Kreta besuchte, erwähnt, daß es zu der Zeit auch im Kloster selbst eine Schule gab.

Die Zellen des Klosters und viele andere Gebäude wurden während des großen Erdbebens von 1856 zerstört, und wenige Jahre später nahmen die Mönche an dem großen kretischen Aufstand von 1866 teil, für den sie auch das Vermögen des Klosters opferten.

Das Kloster besteht bis heute. Es gibt dort ein kleines Museum mit wertvollen Zeugnissen der älteren und neueren Geschichte des Klosters Arsani. Ferner kann man sich die Ikonen des Klosters ansehen, zu denen viele bedeutende kretische Ikonen zählen, darunter die Ikonen des

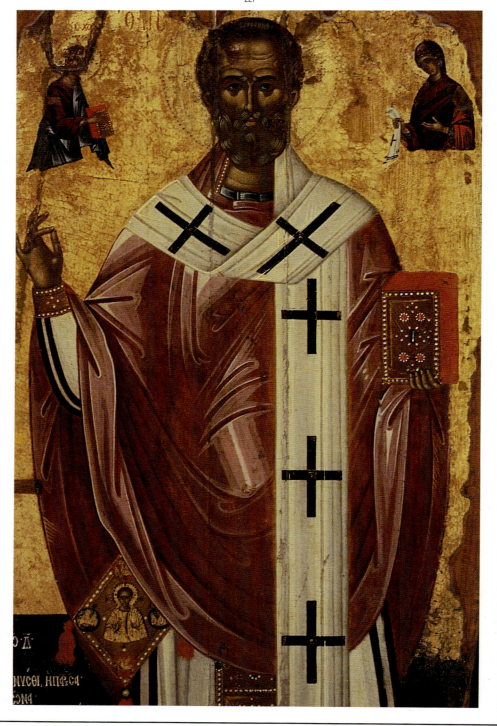

Heiligen Georg und des Heiligen Nikolaus. Es handelt sich um alte Ikonen, die 1804 restauriert wurden.

KLÖSTER AGIA EIRINI - CHALEVI

In der Nähe von Rethymno gab es im 16. und 17.Jahrhundert viele kleine und große Klöster. Darunter auch die Klöster Chalevi und Agia Eirini, die über lange Zeiträume hinweg verlassen waren. Das Kloster Chalevi ist auch heute noch verlassen und von seinen Gebäuden sind nur noch Ruinen übrig. Erhalten ist nur die einschiffige Theotokos-Kirche. Zwischen den Ruinen kann man noch Spuren kretischer Volksarchitektur erkennen. Das Kloster selbst wurde auf den Fundamenten einer alten Festungsanlage errichtet.

Das Kloster bestand in der Zeit der Türkenherrschaft, war für eine lange Zeit sogar patriarchalisch und "aus der Quelle des Kreuzes stammend". Ende des 19.Jhs. wurde es aufgelöst.

Das Kloster Agia Eirini ist ein gutes Beispiel eines christlichen Monument, das oft zerstört wurde, heute aber, nach systematischen Restaurationsarbeiten, wieder in altem Glanz erstrahlt. Es handelt sich um ein altes byzantinisches Kloster, dessen Spuren sich im Dunkel der Jahrhunderte verlieren. Möglicherweise wurde es von byzantinischen Asketen gegründet, die in den nahegelegenen Höhlen lebten. Das Plateau, auf dem das Kloster steht, ist aus dem Fels gehauen. In den Fels gehauen sind auch die Zisternen und der größte Teil der Kirche. Auch nach der Eroberung Kretas durch die Venezianer war es weiterhin ein bedeutendes

227. Der Heilige Nikolaus (1804). Kloster Arsani.
228. Der Heilige Johannes Chrysostomos. Von der Königspforte im Kloster Arsani.

Klosters mit großen Ländereien und vielen Landarbeitern. In einer venezianischen Urkunde von 1362 ist der Names eines Leibeigenen des Klosters erwähnt!

Das Geschichte des Klosters von 1362 bis kurz zum Vorabend der türkischen Eroberung ist unbekannt. In den ersten Jahren der Türkenherrschaft lebte dort (in einer Dependance des Klosters im nahegelegenen Dorf Anogeia) der erste Metropolit von Kreta Neofytos Patelaros.

Nach dem Befreiungskampf von 1821 begann der Niedergang des Klosters In den folgenden Jahren wurden die Einnahmen des Klosters aus dem Verkauf von landwirtschaftlichen Produkten die Schulen in Rethymno finanziert. Es wurde während des Aufstands von 1866 zerstört und Ende des 19.Jh. gab es dort ein

229. Kloster Agia Eirini. Allgemeine Ansicht aus der Zeit des Wiederaufbaus.
230. Agia Eirini. Ansicht des Klosters.
231. Der Gebäudekomplex des Klosters Agia Eirini.

Priesterseminar. Danach verließen immer mehr Mönche das Kloster, die Gebäude verfielen und schließlich wurde es ganz verlassen. Selbst die Kirche stand vor der Gefahr einzufallen. Die ersten Restaurationsarbeiten im Jahr 1970 betrafen nur die Kirche. 1989 war das Jahr des großen Neuanfangs für das Kloster. Der Metropolit von Rethymno und Avlopotamos Theodoros beschloß, das Kloster neuzubesiedeln. Drei Nonnen ließen sich dort nieder, und es wurde sofort damit begonnen, das Kloster in seiner alten festungsähnlichen Gestalt zu restaurieren. In nur wenigen Jahren waren die Arbeiten beendet und das Kloster erhob sich wieder auf dem Felsen von Agia Eirini. Es wurden alle Gebäude restauriert, selbst die alte Ölmühle und die Ställe, die heute natürlich zu anderen Zwecken genutzt werden.

Heute leben dort fünf Nonnen, die Paramente herstellen.

KLOSTER KOUMPES
TRIA MONASTIRIA

Die Überreste der Klöster, die sich in der Gegend von Rethymno erhalten haben, sowie die alten Kirchen führen uns auf die Spuren einer bedeutenden christlichen Kultur, die sich in den frühbyzantinischen Zeit in der Umgebung der Stadt entfaltete. In jener Zeit war Rethymno im Niedergang begriffen und so wurden die Klöster im Umkreis der Stadt gegründet. Außer der Kirche Theotomos in Chromonastiri, die sehr schöne Wandmalereien besitzt, haben sich allein in der Umgebung von Rethymno weitere zwölf Kirchen mit Wandmalereien erhalten.

Die meisten Klöster im Umkreis von Rethymno wurden in der Zeit der Venezianerherrschaft gegründet. Viele von ihnen gibt es heute nicht mehr. Erhalten haben sich nur Ruinen und Ortsnamen, wie Tria Monastiria ('drei Klöster'), die die Erinnerung an ein unbekanntes mönchisches Leben bewahren. Ein sehr schönes Beispiel christlicher Kunst hat sich in dem Gebiet Tria Monastiria in der Siedlung Gallou an der Straße Rethymno-Spilio erhalten. Es handelt sich um die Theotokos-Kirche, mit deren Restauration vor einigen Jahren begonnen wurde. Zu den Klöstern, die zur Zeit der Venezianerherrschaft bestanden, zählt auch das Kloster Christos auf dem Hügel Koumpes im Westteil von Rethymno. Wie das Kloster in der Venezianerzeit hieß, ist unbekannt. Höchstwahrscheinlich existierte dort das Kloster Panagia Ermitiana. Das Kloster wurde 1646 verlassen und erst 1935 neubesiedelt, als ein Mönch vom Athos-Berg sich dort niederließ. Damals wurde auch das heutige Kloster erbaut.

Heute ist es ein Nonnenkloster. Von den alten Gebäuden hat sich nichts erhalten. Die Nonnen in Koumpes beschäftigen sich mit der Kunst der byzantinischen Hagiographie.

232. Eine weitere Ansicht des Klosters Agia Eirini.
233. Inschrift vom Kloster Metamorfosi Koumpes.

234. Zoodochos Pigi (oder Ypapanti). Kirche in der Nähe des Dorfes Galou/Rethymno.

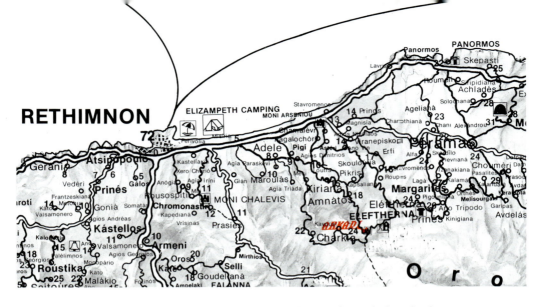

Route 14: Rethymno - Kloster Arkadi
KLOSTER ARKADI

Es ist das bekannteste und eines der beeindruckendsten Klöster auf Kreta. Wenn auch noch Spuren des Brandes von 1866 zu sehen sind, so sind doch alle Gebäude des Klosters erhalten, das ein typisches Beispiel für die Klosterarchitektur bildet, wie sie sich in den letzten Jahren der Venezianerzeit herausbildete. Das Kloster ist 23km von Rethymno entfernt und überblickt ein Plateau, an dessen Rand es viele Klöster gab, die im 17.Jh. Dependancen von Arkadi wurden.

Beim Näherkommen beeindrucken sowohl die massige Gestalt des Klosters als auch seine Architektur. Die alten Pflasterstraßen, die in späteren Zeit oft ausgebessert wurden, haben sich an vielen Stellen noch erhalten und zeugen von der einstigen Bedeutung des Klosters. Vor dem Eingangstor der festungsähnlichen Anlage sieht man westlich des Klostes die Ruinen der Ställe. Sie wurden nicht zur selben Zeit erbaut, wie das übrige Kloster, denn vor dem 17.Jh. war es aus Verteidigungsgründen erforderlich, daß sich alle zum Kloster gehörenden Gebäude innerhalb der Befestigungsmauer befanden. Zu diesem geschlossenen Klosterkomplex gehörten nicht nur die Zellen der Mönche, sondern auch Scheunen, Werkstätten und selbst Ställe. So war es nicht erforderlich, das Kloster zu verlassen, was besonders in unruhigen Zeiten und bei Belagerungen wichtig war. Als dann die Türken die Insel beherrschten, war diese Vorsorge nicht mehr vonnöten, und aus Platzgründen wurde das

235. Arkadi. Ansicht der Gebäude.
236. Arkadi. Die Kirche der apostelgleichen Konstantin und Helene.

Gebäude errichtet, dessen Ruinen man vor dem Kloster sehen kann.

Der zentrale Eingang ist sehr kunstvoll. Er wurde 1870, nur vier Jahre nach der Katastrophe von 1866, nach den alten Plänen wiederaufgebaut. Der Eingangsbau war im Jahr 1693 errichtet worden, doch dürfte es vorher an derselben Stelle ein ähnliches Tor gegeben haben. Das Kloster besaß zwei Eingänge, einen an der Nordostseite und einen an der Westseite. Das West(Haupt)tor führte nach Rethymno und hieß Rethymno-Tor, das andere führte nach Irakleio, das damals Megalo Kastro ('große Burg') hieß, und wurde Kastro-Tor genannt. Wenn man durch den Haupteingang geht, gelangt zunächst in den den Pylonas, ein überwölbtes Gebäude mit Sitzbänken, für die Wanderer, die vor Sonnenaufgang am Kloster angelangt waren. Hier waren sie vor Kälte und Hitze geschützt. Hier wurden sie dann mit einem Glas Ouzo und Nüssen oder einem Becher Wein von den Mönchen willkommen geheißen. Wenn man durch den Pylonas hindurchgeht, steht man vor der schönen zweischiffigen Kirche Agioi Konstantinos und Eleni und Christos. Die Vorderfront zeigt westliche Einflüsse, wie sie auch bei anderen Monumenten aus dem 16. und 17.Jh. auf Kreta festzustellen sind. Der Haupteingang liegt dem Kirchenportal genau gegenüber, damit die Pilger direkt in die Kirche gehen und dort ihre Gebet verrichtetn können, ohne die Mönche zu stören.

Das Osttor war weniger 'offiziell'. Es war der Eingang für die Lasttiere, die so direkt zu den Scheunen geführt werden konnten, ohne über den ganzen Klosterhof zu laufen. Außer diesen beiden Toren gab es auch noch Nebeneingänge, durch die die Mönche zu ihrer täglichen Arbeit auf die Felder gingen.

Das Portal der Kirche bringt vergessene byzantinische Pracht in Erinnerung. Im Innern der Kirche schafft das flackernde Licht der Kerzen, das die Ikonen und das schöne holzgeschnitzte Templon (Ikonostase) in ein mystisches Licht taucht, eine weihevolle Atmosphäre. An der Südwestseite der Kirche hat sich ein halbverbrannter Teil des alten Templon erhalten. Es ist der Teil, der bei dem Brand von 1866 gerettet werden konnte.

Das Kloster ist sehr geräumig und bequem angelegt. Die überwölbten Gänge mit den aufeinander folgenden Säulenhallen haben ihren

157

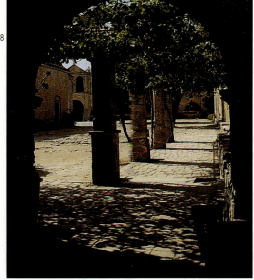

alten Glanz bewahrt. Diese Gänge, die es in vielen Klöstern gibt, schützten einerseits die Mönche vor Regen und Sonne und dienten andererseits der allgemeinen Verschönerung des Klosters. Die Mönchszellen liegen an der Süd-, Ost- und Westseite des Klosters. An der Nordseite lag das Refektorium, in dem alle Mönche gemeinsam speisten, die Bäckerei (Magkipeion), die Magazine u.a. Diese Räume können heute besichtigt werden und beeindrucken durch ihre Schlichtheit und ihre Größe. Durch das dort herrschende Dämmerlicht scheinen sie einer anderen Welt anzugehören, was durch die Tatsache, daß sie nicht mehr genutzt werden, noch verstärkt wird. An der Nordseite befindet sich auch das alte Gästehaus des Klosters. Es verfügt über 13 Zimmer und zwei größere Säle. Hier übernachteten die Besucher des Klosters. In den griechischen Klöstern wurde die Gastfreundschaft als eine heilige Pflicht betrachtet. Jedem Besucher, der zum Kloster kam, wurden ein Bett zum Schlafen und Essen angeboten. Und weil gewöhnlich die Aufständischen in den Klöstern Schutz suchten, fragten die Mönche nie nach dem Namen des Besuches, noch nach dem Woher oder nach dem Wohin. Und wenn er das Kloster verließ, gaben sie ihm Brot, Käse, Oliven und Wein für etwa drei Tage... An der Nordostseite lag der Weinkeller mit Dutzenden von Fässern, die vorzüglichen Wein erthielten. Der französische Reisende Tournefort (1700) schreibt, das ein Weinfaß ausschließlich für den Abt bestimmt war. Alle Reisenden, die Arkadi besuchten, sprechen voller Lob von seinem Weinkeller. Sie

237. Mönch aus dem Kloster Arkadi.
238. Ansicht der Umfassungsmauer vom Eingang an der Nordostseite.
239. Arkadi. Das Katholikon.
240. Marienikone aus dem Kloster Arkadi.

erwähnen, daß dort bis zu 200 Fässer gelagert wurden! Und wie es scheint, waren alle mit der Gastfreundschaft des Klosters vertraut. Dieser Weinkeller existierte bis 1866. In jenem Jahr belagerten die Türken das Kloster. Und die Eingeschlossenen hat das Schießpulver in einem Raum des Südflügel gelagert. Weil sie aber fürchteten, daß die Belagerer ein Loch durch die Außenmauer brechen könnten, brachten sie das Pulver in des besser befestigte Gebäude des Weinkellers. Und hier wurde eine der heroischsten Seiten der menschlichen Geschichte geschrieben. Als der Ring um das Kloster sich immer enger zog, sprengten die "freien Belagerten" von Arkadi das Pulvermagazin in die Luft. Durch ihre Selbstaufopferung wurden sehr viele Türken getötet. Ganz Europa wurde aufgerüttelt durch diese Tat eines Volkes, das doch nur seine Freiheit forderte. Zu denen, die sich mit ihren Schriften auf die Seite der unterdrückten Kreter stellten, war auch Victor Hugo... Heute kann man die Ruinen des einstigen Weinkellers /Pulvermaganzins besichtigen. Und eine Blume an der Stelle niederlegen, an der diese tapferen Menschen beschlossen, lieber einen würdevollen Tod zu sterben, als in Sklaverei zu leben.

Die Geschichte des Klosters dürfte wahrscheinlich in den Jahren des byzantinischen Reiches beginnen. Im Mittelalter gab es dort ein kleines Kloster, das der Familie Kallergis gehörte. Der älteste das Klosters betreffende Fund ist der Teil einer Inschrift aus dem 14. oder 15.Jh. mit dem Namen des Klosters: Arkadi. Dieser Name geht auf den Gründer oder einen Erneuerer des Klosters zurück, der Mönch war und den Namen Arkadios trug.

Der erste Versuch zum Wiederaufbau des Klosters datiert aus dem Jahr 1572, als es nach koinobitischem System organisiert wurde. Ein wichtige Rolle für den Aufschwung des Klosters spielte der tatkräftige Abt Klimis Chortatzis. Während seiner Amtszeit wurde die alte Kirche abgerissen und eine neue, größere erbaut. Die alte Kirche war sehr klein (13,8 x 3,72m) und

241. Arkadi. Der überwölbte Teil des Erdgeschosses (Westseite).
242. Der Korridor des Obergeschosses (Westseite).
243. Christus auf dem Thron. Ikone aus dem Jahr 1631. Museum Kloster Arkadi.

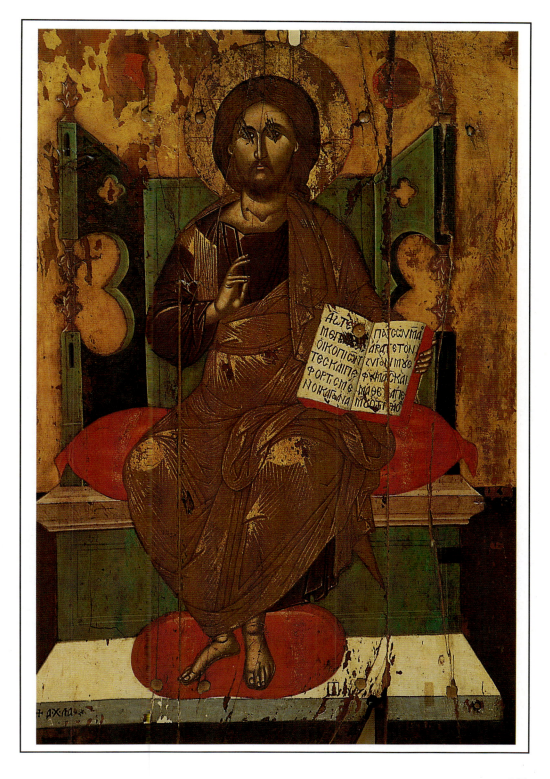

bot nicht genügend Platz für die Mönche und Pilger. Am Sockel des Glockenturm ist die Jahreszahl 1587 zu sehen, das Jahr, in dem die Kirche fertiggestellt wurde. Damals erhielt sie auch die von westlichen Kunstströmungen beeinflußte Vorderfront, der nach Plänen des Architekten Sebastiano Serlio gebaut wurde. Nach 1587 wurden dann die übrigen Bauten fertiggestellt.

Seit dem 16.Jh. war das Kloster eine Stätte, an der Wissenschaft und Kunst gepflegt wurden. Seine Mönche kopierten Bücher, darunter vor allem kirchliche Schiften, wie aus handschriftlichen Aufzeichnung der Zeit hervorgeht. Im Kloster gab es auch eine Schule, ferner eine Bibliothek mit den Werken antiker Schriftsteller. Nach 1646 jedoch nahmen diese Tätigkeiten ab, denn in jenem Jahr wurde das Kloster von türkische Truppen erobert und geplündert. Die Brüder flüchtete und eine Gruppe von Mönchen trieb die Herden der Klosters zum Kloster Vrontisi an den Ostausläufern des Psiloreitis, in dem sie und die Tiere Schutz fanden. Mit der türkischen Eroberung wurden auch die höheren Kirchenämter, die von den Venezianern abgeschafft worden waren, wieder auf Kreta eingeführt. Ein Mönch von Arkadi, der für die Zeit sehr gebildet und des Türkischen mächtig war, wurde der erste Metropolit von Kreta. Arkadi lebte schnell wieder auf und erhielt ein ganz besonderes Privileg: es war das einzige Kloster, das Glocken läuten durfte! Der Islam verbietet ausdrücklich das Glockenläuten und dieses Verbot galt in allen Gebieten, die von den Türken beherrscht wurden. Einzige Ausnahme bildete das Kloster Arkadi.

Nach der Eroberung durch die Türken begann der Wiederaufbau der Gebäude. Viele der heute noch erhaltenen Bauten stammen aus jener Zeit. Damals gelangte das Kloster in den Besitz großer Ländereien und viele kleine Klöster wurden zu seinen Dependancen. Mit dem Beginn des 18.Jhs. kamen auch sehr viele Reisende in das Kloster, die von seiner reichen Bibliothek gehört hatten und sie erwerben wollten. Es ist nicht bekannt, wieviele der

244. Teil des Templon im Kloster Arkadi, das der Brand von 1866 nicht zerstörte.
245. Eingang zum Hof des Refektoriums mit Inschrift aus dem Jahre 1687.
246. Arkadi. Der Heilige Georg, Ikone aus dem 17.Jh.

247

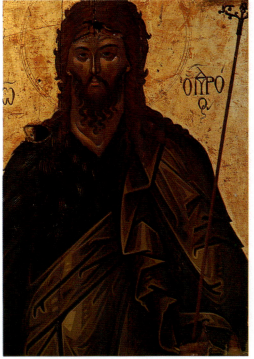

248

Bücher gestohlen wurden, wieviele verlorengingen und wieviele in den folgenden Jahrhunderten verbrannten.

Aber das Kloster leistete seinen Beitrag auch in den kretischen Befreiungskämpfen. 1821 wurde es von türkischen Truppen unter Führung des gefürchteten Aga Yedim Ali erobert. Einem jungen Mönch gelang es jedoch, zu flüchten und die Aufständischenführer des Gebiets zu benachrichtigen. Es kam zu einer erbitterten Schlacht, in der viele Türken und auch Yedim Ali selbst fielen.

1866 kam es zu dem schon beschriebenen Akt der Selbstaufopferung von Menschen, die mit Leidenschaft für ihre Freiheit kämpften. Das Kloster war der Sitz des Revolutionskomitees und in seinen Gebäuden hatten sich mehr als 600 Frauen und Kinder aus den umliegenden Dörfern und etwa 300 Kämpfer versammelt. Am 8. November 1866 begann die Belagerung des Klosters, an der 15000 Türken teilnahmen, die über schwere Geschütze verfügten. Die Mauern begannen schon nachzugeben, und als die Türken einen Sturmangriff auf das Kloster unternahmen, zündete die heroische Hand eines kretischen Freiheitskämpfers eines der Pulverfässer im Magazin an. Das mächtige Gebäude wurde in die Luft gesprengt. Und unter Tonnen von Steinen, Holzbalken und Erdreich wurden Hunderte Griechen und Türken begraben. Das Ereignis wird als eines der bedeutendsten der neueren griechischen Geschichte betrachtet. Und vor nicht langer Zeit wurde Arkadi zu einem europäischen Freiheitsmonument erklärt...

In den letzten Jahren werden systematischen Restaurationsarbeiten unternommen. Es leben

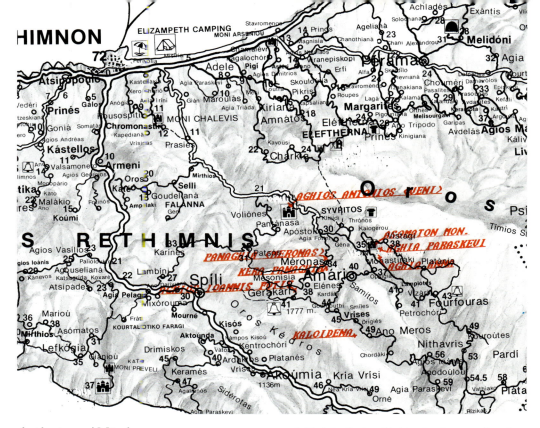

dort heute zwei Mönche

Route 15: Rethymno - Amari
KLOSTER ASOMATOI

Die Provinz Amari gehört zu den Provinzen Kretas mit der üppigsten Vegetation und den meisten christlich Denkmälern. Schöne, mit Wandmalereien geschmückte Kirchen und auch Klöster, die heute verlassen sind, bilden die schweigenden und vergessenen Zeugen einer großen Tradition. Das größte Kloster der Gegend, zumindest in den letzten Jahrhunderten, war das heute verlassene Kloster Asomatoi. Es ist 35km von Rethymno entfernt. Auf dem Weg dorthin sollte man sich die Zeit für einen Besuch des, heute ebenfalls verlassenen, Klosters Agios Antonios in Veni nehmen.

KLOSTER AGIOS ANTONIOS IN VENI: Es liegt sehr hoch in der Nähe des Dorfes Pantanassa. Ein nicht besonders guter Feldweg führt dorthin. Es war ein altes Kloster, das höchstwahrscheinlich an der Stelle eines antiken Heiligtums errichtet wurde. Die große Höhlenkirche Agios Antonios war ein kultisches Zentrum für das ganze Gebiet. Die Höhle besteht aus zwei großen Räumen. Im äußeren (östlichen) Raum ist die Kirche errichtet und im Inneren

247. Arkadi. Der Heilige Paulus, von der alten Königspforte im Kloster.

248. Johannes der Täufer, Ikone aus dem 16.Jh. Museum Arkadi.

249. Die Höhlenkirche Agios Antonios in Veni.

250. Silberverkleidetes Evangelium aus dem Kloster Asomatoi. Heute im Historischen Museum Kreta.
251, 252. Inschriften vom Kloster Asomatoi.
253. Die Kirche Agia Anna.

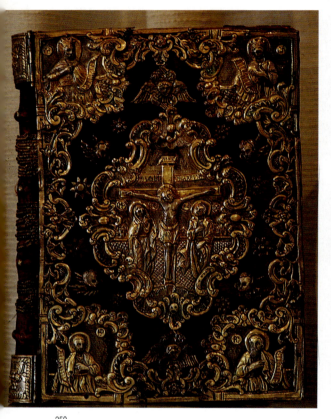

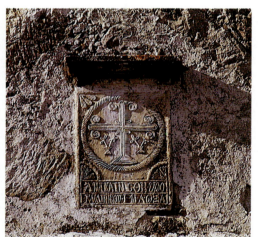

sammelt sich das sogenannte heilige Wasser, das Wasser, das seit Jahrhunderten von den Stalaktiten und der Steindecke der Höhle herabtropft. Es sind nicht wenige Gläubige, die für dieses Weihwasser von weit her angereist kommen. In einer feuchten Ecke der Höhle sind die Schädel der Mönche aufgeschichtet, die in diesem kleinen Kloster lebten.

Die Gebäude sind dem Gelände angepaßt. Es haben sich einige Zellen und gemeinsam genutzte Gebäude erhalten.

Seit der Zeit der Venezianerherrschaft gehörte das Kloster Agios Antonios zum großen Arkadi-Kloster.

DAS KLOSTER ASOMATOI

Es ist ein großes Kloster mit festungsähnlicher Anlage. Es haben sich nicht viele Zeugnisse seiner älteren Geschichte erhalten. Es ist noch ein Teil des alten Eingangs zu sehen, der aber durch Ausbesserungsarbeiten verändert wurde. Das Kloster bestand seit der 2. byzantinischen Zeit (961-1204), denn es ist bereits in einer Urkunde des 13. Jhs. erwähnt. Es wird die Ansicht vertreten, daß der Aufstand des Jahres 1272 gegen die Venezianer von hier seinen Anfang nahm. Der Überlieferung nach wurde das Kloster von einer byzantinischen Adeligen gegründet. Sie stammte aus Chandax (dem heutigen Irakleio) und sucht in den Bergen der Provinz einen geeigneten Ort, um als Nonne zu leben. Doch die Wildheit der Landschaft ermüdete sie. Und ein alter Mönch begriff, daß sie einen Ort suchte mit Quellen, hohen Bäumen und Vogelgezwitscher, die die Einsamkeit

lindern und sie Gott näherbringen würden. Er führte sie in das Tal von Asomatoi, und sie beschloß, dort ein Kloster zu gründen.

Die Blütezeit des Klosters fällt in das 17.Jh. Damals begann es durch Schenkungen und Weihgaben ein großen Vermögen anzusammeln. Während der Türkenherrschaft war es das Zentrum des religiösen und gesellschaftlichen Lebens des Gebietes von Amari. Viele Paramente, liturgische Geräte und Handschriften aus dem Kloster werden heute im Historischen Museum in Irakleio aufbewahrt.

In unmittelbarer Nachbarschaft des Klosters lag ein Dorf islamisierter Kreter, wodurch viele Probleme entstanden. Oft wurde das Kloster geplündert und es nahm großen Schaden. Die größte Katastrophe jedoch war das Erdbeben von 1810, bei dem der Festungsbau in sich zusammenfiel! 1818 wurde die Amtswohnung des Abtes in Brand gesteckt, und während des Befreiungskampfes von 1821 wurde es beinahe bis auf seine Grundmauern zerstört. Die Mönche flüchteten in die umliegenden Dörfer und kehrten erst nach dem Ende der Revolution zurück.

1930 wurde das Kloster in eine Landwirtschaftsschule umgewandelt und seine Felder wurden für die Ausbildung der Bauern des Gebietes genutzt. Heute geschieht dies nur noch sehr selten.

AGIA PARASKEVI

Dieses kleine byzantinische Denkmal liegt knapp einen Kilometer von Asomatoi entfernt (nach Westen). Es handelt sich um eine

Kreuzkuppelkirche, in der sich eine sehr bemerkenswerte Wandmalerei erhalten hat, genau über dem Grab des Georgios Chortatzis, der aus der bekannten kretischen Familie der byzantinischen Zeit stammte. Dargestellt sind Christus und zwei Figuren in andächtiger Haltung, die seinen Segen empfangen. Auf der gleichen Wandmalerei ist, wenn auch nur noch mit Mühe, eine Abschiedsszene zu erkennen. Ein Reiter in Rüstung verabschiedet sich von seiner Frau und verschiedenen anderen Personen. Der Name von Georgios Chortatzis ist erwähnt in der Inschrift über der Darstellung, die lautet: "Fürbitte des Dieners Gottes Georgios Chortatzis und seiner Lebensgefährtin". Von einigen Forschern wird die Wandmalerei als die Abbildung einer Szene interpretiert, in der sich der Hauptmann Chortatzis, der im 13.Jh. lebte, vor einem Angriff auf die Venezianer von seiner Frau verabschiedet. Die Kirche Agia Paraskevi gehörte zum Kloster Asomatoi.

AGIA ANNA. Ein Feldweg führt vom Kloster Asomatoi zur nahegelegenen Annakirche. Die Landschaft dort ist sehr hübsch und der Blick auf die Olivenhaine von Amari herrlich. Die Kirche ist die älteste mit Wandmalereien ausgestattete Kirche auf Kreta. In der Kirche hat sich die folgende Grabinschrift aus frühchristlicher Zeit erhalten: AKATAS, SOHN DES AKATAS, 19 JAHRE ALT.

KLOSTER KERA PANAGIA

Umgeben von riesigen Olivenhainen liegt dieses Kloster zwischen den Dörfern Nefs Amari und Meronas. Man sollte in Nefs Amari nach dem genauen Weg fragen. Es ist ein altes

254. Die Kirche Agia Anna.
255. Die schöne Kreuzkirche Agia Paraskevi in der Nähe des Klosters Asomatoi.
256. Wandmalerei aus dem Kloster Agios Georgios Xififoros in Apodoulou/Amari
257. Das Kloster Kaloeidaina in Ano Meros/Amari. Die Kirche stürzte 1992 ein.

Kloster, das heute aufgegeben ist. Seine Kirche mit der eigenartigen Architektur ist das Beispiel einer einräumigen Kirche, an die später verschiedene Anbauten angefügt wurden. Das mit Reliefmustern geschmückte Eingangsportal zeugt von der Bedeutung des Monuments. Über die Geschichte des Klosters ist nicht viel bekannt, abgesehen von einigen Urkunden, die

Angelegenheiten des Klosters und seiner Mönche betreffen. Es war ein kleines Kloster, in dem gegen Ende der Venezianerherrschaft nur zwei oder drei Mönche lebten.

PANAGIA IN MERONAS

Die schöne Höhlenkirche Panagia im Dorf Meronas war alle Wahrscheinlichkeit nach das Katholikon eines alten Klosters, das von der byzantinischen Zeit bis ins 15.Jh. bestand. Der florentinische Mönch Christophoro Buondelmondi, der Kreta 1415 bereiste, traf in Meronas Mönche an. Der Abt des Klosters war mit Leib und Seele orthodox und sprach die ganze Zeit von der Rückkehr Kretas in den Schoß von Byzanz. Wie aus der Beschreibung hervorgeht, lebten der Abt und die Mönche im Dorf, wahrscheinlich in der Kirche Panagia.

Die Wandmalereien der Kirche stammen aus dem 14.Jh. und repräsentieren einen besonderen Stil der byzantinischen Kunst, der sich in der Zeit auf Kreta herausgebildet hatte und direkt von Konstantinopel beeinflußt war. Die Kirche ist eine dreischiffige überwölbte Basilika, deren Portal Reliefschmuck aufweist und an dem man auch das Hauswappen der großen byzantinischen Familie Kallergis sehen kann.

AGIOS IOANNIS FOTIS IN GERAKARI

Auch diese schöne byzantinische Kirche ist mit Wandmalereien ausgestattet. Sie liegt direkt an der Hauptstraße kurz vor dem Dorfeingang von Gerakari. Es ist ein Bau aus dem 12.Jh., der heute aufgrund der Restaurationsarbeiten des Archäologischen Diensts sehr gut erhalten ist. Die Kirche ist überwölbt und besitzt eine Kuppel, die in byzantinischer Zeit, wie bereits erwähnt, den Himmel symbolisierte. Der Überlieferung zufolge lebten hier Mönche und die Kirche war das Katholikon eines alten Klosters. Auch sollen die Relikte, die man in der Nähe der Kirche sehen kann, Mönchszellen gewesen sein. Derselben Überlieferung nach wurde die Kirche 1546 zerstört, die Türken eroberten sie und ermordeten die Mönche.

Die Wandmalereien sind aus dem 13.Jh.

258. Das schöne Steinrelief am Portal der Kera Panagia bei Amari.
259. Die Kirche Agios Ioannis Fotis in Gerakari.
260. Marienikone. Kirche Panagia Meronas (14.Jh.).

KLOSTER KALOEIDAINA.

Dieses kleine Kloster ist seit 1821 verlassen. Die Kirche, die der Kirche Agios Ioannis Theologos (Fotis) in Gerakari ähnelte, liegt seit 1993 in Ruinen, und mit ihr veschwanden die Reste des schönen Wandmalschmucks. Die Kuppel und die Decke stürzten ein und es blieben nur die Wände aufrecht stehen. Die Stelle ist landschaftlich sehr schön. Das Kloster liegt auf einer Anhöhe nähe des Dorfes Ano Meros, und man hat von dort einen herrlichen Blick auf den Psiloreitis und die endlosen Olivenhaine in der Ebene von Amari. Durch die riesigen Platanen, die dort wachsen, ist das Klima auch im Sommer nicht zu heiß. Im Bezirk des Klosters gibt es viele Quellen, die auch das Dorf mit Trinkwasser versorgen.

Selbst heute noch, da die Ruinen ein sehr trauriges Bild darstellen, kann man etwas von den alten Legenden und der langen monastischen Tradition dieses ehrfuchtgebietenden Ortes spüren. Auf dem Heiligentürchen (an der Ostseite der Kirche) kann man ein kleines Relief erkennen, das einem Menschenkopf ähnlich sieht. Man sagt, daß es eine Frau aus dem gegenüberliegenden Dorf Fourfoura zeigt, die jeden Abend an der Stelle, an der das Kloster liegt, eine Flamme sah. Man suchte und fand die Ikone der Heiligen Jungfrau. Aus diesem Grund wurde dann dort das Kloster erbaut. Damals wurde auch das Relief geschaffen, auf dem die Frau mit Blick auf ihr Heimatdorf dargestellt ist.

261. Die Kirche Agios Ioannis Fotis in Gerakari.
262. Der Mönch Theodosios. Er lebt an der Südküste von Rethymno.

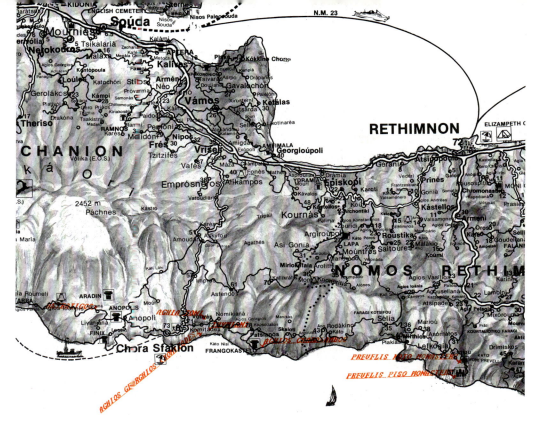

Route 16: Rethymno - Kloster Preveli
KLOSTER PREVELI

Die Fahrt nach Südkreta und zum Kloster Preveli bringt den Besucher in eine völlig andere und von dem Gedächtnis an die alten Asketen erfüllte Gegend. Auf der Fahrt zum Kloster kann man noch im Dorf Lampini (bei Spilio, 27km von Rethymno) die byzantinische Kirche Panagia Lampini mit der herrlichen Kuppel und den Wandmalereien (zum Teil zerstört) besichtigen.

Zum Kloster Preveli biegt man bei km 22 der Straße Rethymno-Spilio ab. Es ist eine wunderhübsche Strecke, denn nach kurzer Zeit befindet man sich in der Kouratliotiko-Schlucht, die einen die ganze Erhabenheit der kretischen Natur verspüren läßt. Kurz vor dem Ausgang der Schlucht sieht man Treppenstufen, die zur Kirche Agios Nikolaos hinunterführen. Man muß zwar einige Dutzend Stufen erst hinunter- und dann wieder hinaufsteigen, doch lohnt sich ein Besuch dieser kleinen Kirche.

Nach der Schlucht spürt man die Brise des Libyschen Meers. Beim Dorf Asomatos nimmt man die Abzweigung nach links und fährt dann weiter nach Preveli. Der Weg führt durch eine sehr schöne Landschaft, in der es auch viele Zeugnisse des Wirkens der Mönche und Asketen früherer Zeiten gibt. Oft trifft man auf kleine Kirchlein und Ruinen von Klöstern oder klösterlichen Dependancen. 500m vor dem ersten Klosterkomplex von Preveli sieht man den Megalos Potamos ('großer Fluß'), der sich neben einem exotischen Palmenhain ins Meer ergießt. Die Straße, die früher zum Kloster führte, ging über diesen Fluß, weshalb auch die Brücke, die man heute sieht, im 19.Jh. mit Mitteln des Klosters gebaut wurde.

Das mönchische Leben in der Gegend hat seine tieferen Wurzeln im Einsiedlertum und dem Mönchtum, das an der Südküste Zentralkretas blühte. Relikte der alten Einsiedeleien kann man noch in der Nähe von Piso Monstiri und in der Kirche Agios Onoufrios sehen sowie in der Kirche Agios Savvas, die an einem sehr schönen Palmenstrand liegt.

Von der Brücke des Megalos Potamos aus

263. Kloster Preveli. Kato Monastiri ('unteres Kloster').

175

gibt es zwei Straßen. Die eine führt zum Kloster und die andere, die nach links abbiegt, führt an der Brücke vorbei zum malerischen Strand Ammoudi, von dem aus man zu Fuß zur Mündung des Flusses und zur Kirche Agios Savvas gehen kann. Die andere Straße (rechts) führt zu den beiden großen Klosterkomplexen. Das erste Kloster, das 200m von der Brücke entfernt liegt, ist völlig unbewohnt und verfallen. Es wurde Kato Monastiri ('unteres Kloster') genannt, um es von dem Hauptkloster zu unterscheiden, das Piso Monastiri ('hinteres Kloster') heißt und etwa zwei Kilometer hinter dem ersteren liegt. In den heute verlassenen Gebäuden des Kato Monastiri lebten früher die Landarbeiter, die die Felder des Klosters bestellten, und die Mönche, die Aufseher waren. Hier befanden sich auch die Magazine mit den landwirtschaftlichen Produkten und Vorräten. Das Kloster Preveli besitzt zwei große Klosterkomplexe, da in dieser Gegend seit der Venezianerzeit zwei große Klöster bestanden und daneben auch viele kleine, die mit der Zeit vereint wurden, um das Großkloster Preveli zu bilden. Zu diesen Klöstern gehörte auch das einst große Kloster Agios Georgios Malathres (in der Nähe des Megalos Potamos), von dem sich heute nur die Ruinen der gewaltigen Kirche mit Fragmenten der Wandmalereien erhalten haben. Zu diesem Kloster kann man vom Dorf Mournes (in der Nähe von Spili) aus gelangen, doch sollte man auf jeden Fall sich der Führung eines Einheimischen anvertrauen.

Das Kato Monastiri ist Johannes dem Täufer geweiht. Die Kirche steht noch, ebenso ein Großteil der anderen Bauten, doch befindet sich das Monument in einem desolaten Zustand. Viele Jahre, nachdem das Kloster verlassen worden war, ließen sich hier verschiedene Leute, besonders aus dem Ausland, nieder, die die Heiligkeit des Ortes in keiner Weise respektierten. Bei einem Rundgang durch die Ruinen fallen zunächst die herabgefallenen Dächer und die seltsamen Schornsteine auf, ein ganzer 'Wald' von Schornsteinen, aus denen in kalten Nächten kein Rauch mehr emporsteigt. Ein Spaziergang durch das verfallene Kloster ist wie eine Reise in die Vergangenheit. Die Grundelemente der kretischen Volksarchitektur sind leicht zu erkennen. Doch wird der Gesamteindruck von den Ruinen beherrscht...

Der Weg zum Piso Monastiri ist sehr interessant, denn man sieht Kirchen und alten

264. Kloster Preveli. Die Königspforte aus Piso Monastiri ('hinteres Kloster').
265. Der Heilige Johannes. Ikone aus einem kunstvollen Pilgerbuch.

Klöster, die entweder an der Straße oder auf den umliegenden Hügeln liegen. Auch sieht man die Mündung des Megalos Potamos, die von der Straße aus einer exotischen Landschaft gleicht. In Piso Monastiri angelangt, beeindrucken sowohl die Naturschönheiten der Gegend als auch die harmonische Anlage des Klosters. Man sollte sich die Worte des Engländers Spratt in Erinnerung rufen, der gesagt hat, daß hier das Paradies von Kreta sei, ein Ort für Anachoreten, für alle, die sich von den Pflichten und Sorgen

des Lebens befreien wollten! Vor dem Kloster breitet sich das tiefblaue Libysche Meer aus und oft kann man in der Ferne ein Schiff vorbeifahren sehen. Das Meer wirkt besonders exotisch dadurch, daß das Kloster sehr hoch gelegen und die Vegetation in der Gegend sehr üppig ist.

Vor dem Kloster gibt es eine kleine Nachbildung einer Kirche. Das ist das Beinhaus. Hier befindet sich der Klosterfriedhof. Das Kloster ist an einem Hang erbaut, darum wurde es auf verschiedenen Niveaus angelegt. Auf dem unteren Niveau lagen die Ställe und die Lagerräume. Die Tiere konnen so direkt in die Ställe geführt werden und brauchten nicht den Klosterhof zu durchqueren, in dem die Kirche, die Wohnung des Abts und die Zellen liegen. Im unteren Hof hat sich das Quellbecken des Kloster erhalten, auf dem man das bekannte byzantinische Epigramm lesen kann: ΝΙΨΟΝ ΑΝΟΜΗΜΑΤΑ ΜΗ ΜΟΝΑΝ ΟΨΙΝ ('Reinige deine Seele und nicht nur dein Äußeres'). Die Inschrift ist vor- und rückwärts zu lesen. Das alte überwölbte Gebäude, das westlich der Quelle liegt, dient heute als Museum. Ausgestellt sind dort schöne nachbyzantinische Ikonen, Paramente, liturgisches Gerät, alte Bücher und viele Weihgaben von Gläubigen, ferner traditioneller kretischer Schmuck.

Die Kirche ist nicht sehr alt. Sie ist ein Bau aus der 1.Hälfte des 19.Jhs. An ihrer Stelle stand eine alte byzantinische Kirche, die aber von den unwissenden Mönchen damals niedergerissen wurde, um die neue Kirche zu errichten. Die Entscheidung für den Abriß der Kirche war jedoch andererseits auch gerechtfertigt, da die türkische Verwaltung sogar Ausbesserungsarbeiten verbot, und so beschlossen die Mönche, das Problem endgültig zu lösen und erbauten in der Zeit, in der Kreta von Ägypten beherrscht wurde (1830-1840), ein neues Gotteshaus. Das Portal erinnert an byzantinische Prachtentfaltung und byzantinisches Zeremoniell. Das Templon

266. Kato Monastiri. Die Schornsteine rauchen nicht mehr...
267. Das Pilgerbuch des Klosters Preveli.
268. König der Könige. 1750. Kloster Preveli.

269. Kloster Preveli. Teil des holzgeschnitzten Templon.
270. Piso Monastiri.
271. Die Kirche Agios Savvas am See von Preveli. Eines der nachbyzantinischen Denkmäler der Gegend. Andere ausgemalte Kirchen sind Agios Georgios in Xylomachairi, Agia Foteini u.a.

(Ikonostase) ist besonders schön, ebenso die holzgeschnitzte Betbank und der Ambon (kanzleiartiges Lesepult). Auch die Ikonen des Templon sind bemerkenswert. Es sind nachbyzantinische Ikonen, die dem Kunststil angehören, der auf Kreta in den ersten Jahrzehnten oder auch dem ersten Jahrhundert nach der Eroberung der Insel durch die Türken auf Kreta vorherrschte. Unter den Zimelien das Klosters befindet sich auch das wundertätige Kreuz von Preveli. Zwei Mal soll man versucht haben, es zu stehlen. Das eine Mal die Türken und das andere Mal die Deutschen im II.Weltkrieg. Beide Male gelang es nicht! Das Kreuz soll verhindert haben, daß das Flugzeug, mit dem es die Deutschen nach Deutschland bringen wollten, starten konnte!.

Der Klosterkomplex besitzt keinen Festungscharakter. Der Grund dafür dürfte sein, daß sich das Kloster binnen kurzer Zeit während der Türkenherrschaft entwickelte. Nach der Eroberung der Insel durch die Türken war die Notwendigkeit zur Befestigung nicht mehr gegeben und auch die Piratenüberfälle hatten aufgehört.

Die heute bekannte Geschichte des Klosters Preveli beginnt kurz nach der Eroberung Kretas. Über die Zeit davor ist nur sehr wenig bekannt. Man weiß, daß das Kloster Kato Monastiri Megalos Potamos hieß, doch ist weder seine Gestalt bekannt, noch seine mögliche Beziehung zum Piso Monastiri. Der heutige Name Preveli dürfte im 17.Jh. aufgekommen und auf einen Erneuerer des Klosters namens Prevelis zurückzuführen sein. In einer Urkunde von 1577 ist der Ortsname Agios Ioannis Theologos aufgeführt. Offensichtlich handelt es sich um das Kloster Preveli, und dies ist die älteste bekannte Erwähnung des Klosters. Ferner ist von den ausgemalten Kirchen bekannt, das die religiösen Monumente der Gegend im 14. und 15.Jh. mit Wandmalereien ausgeschmückt wurden.

Durch die Zusammenlegung der Klöster der Gegend - sehr wahrscheinlich in den ersten Jahren der Türkenherrschaft - und mit Schenkungen entwickelte sich das Kloster zu einer solchen wirtschaftlichen Größe, das es fast das ganze Gebiet bis Rethymno beeinflußte. Ein Teil des wertvollen Archivs des Klosters hat sich erhalten und so sind auch die Namen der meisten Äbte der Zeit bekannt, ebenso weiß man, daß es im Kloster eine Schule gab. Das Kloster unterstützte mittellose Christen und half den kretischen Freiheitskämpfern. Vor dem Befreiungskampf von 1821 wurde Melchisedek Tsouderos, eine herausragende Prsönlichkeit der neueren kretischen Geschichte, Abt des Kloster. Er organisierte und bewaffnete die ersten revolutionären Truppen. Schon lange vor Ausbruch des Aufstandes hatte er Waffen besorgt, Lebensmittelvorräte und ein Munitionslager angelegt. Die Türken waren informiert oder verdächtigten den Abt zumindest, und kurz vor Ausbruch des Aufstandes, im Mai 1821, griffen sich das Kato Monastiri an und zerstörten es. Sie hätten auch die Mönche ermordet, wenn nicht Melchisedek einen schlauen Plan gehabt hätte: die Mönche hießen die Türken freundlich willkommen, luden

sie ins Kloster ein und boten ihnen Wein an. Und als diese von der Anstrengung und dem Wein eingeschlafen waren, verließen die Mönche das Kloster! Melchisedek bewaffnete sie und so entstand die erste Aufständischentruppe Kretas. Der Aufstand wurde im Blut erstickt, Kreta wurde nicht in den neugegründeten griechischen Staat eingegliedert und die Türken beschlagnahmten den Besitz des Klosters. Erst als Kreta von Ägypten beherrscht wurde (1830-40) und den Kretern bestimmte Rechte zuerkannt wurden, erhielt das Kloster seine Ländereien zurück. Für den nationalen Befreiungskampf opferte das Kloster alle seine Zimelien. Die liturgischen Geräte und das Silber wurden verkauft, um Kanonen und Waffen zu

181

kaufen!.

Auch im kretischen Aufstand von 1866 spielte das Kloster ene wichtige Rolle. Zwischen 1867 und 1869 versorgte das Kloster die vielen Flüchtlinge, die ihre Dörfer verlassen hatten. Den Strand von Preveli liefen griechische Schiffe an, die Waffen und Kriegsvorräte brachten und mit Frauen und Kindern ins freie Griechenland zurücksegelten. 1867 warteten am Strand von Preveli viele Hunderte Frauen und Kinder tagelang auf ein Schiff. Die Mönche versorgten sie, wie sie auch die Aufständischen versorgten und die Freiwilligen, die aus dem freien Griechenland kamen, um an der Seite der Kreter zu kämpfen.

Eine ähnliche Rolle übernahm das Kloster auch in der Zeit von 1941 bis 1945. Hunderte alliierter Soldaten wurden hier beherbergt und konnten von hier den Rückzug nach Ägypten antreten. Eine herausragende Persönlichkeit jener Jahre war der Abt des Klosters Agathangelos Langouvardos, der das Kloster so organisierte, daß es einen bedeutenden Betrag zum Widerstand gegen die deutsche Besatzung leisten konnte.

Nach 1960 begann der Niedergang des Klosters und heute lebt dort nur noch ein Mönch.

KLÖSTER IN SFAKIA

Wenn man vom Kloster Preveli aus die Küstenstraße nimmt, kommt man nach Sfakia, eine Gegend, in der es schöne Klöster gibt. Man kann auch dorthin gelangen, indem man der Straße Chania-Rethymno folgt und beim Dorf Vryses nach Süden abbiegt. Doch bietet sich die Küstenstraße an, wenn man die byzantinischen und nachbyzantinischen Denkmäler sowie die anderen Sehenswürdigkeiten der Gegend besichtigen möchte.

KLOSTER AGIOS CHARALAMPOS IN FRAGKOKASTELLO.

Das erste Kloster, auf das man trifft, liegt kurz vor der schönen venezianischen Festung von Fragkokastello. Das Kloster ist von der Straße aus zu sehen. Dieses alte christliche Monument ist das heute verlassene Kloster Agios Charalampos, das nur noch als Friedhofskirche genutzt wird. An der Stelle des Klosters gab es eine altchristliche Basilika. Einige Bauteile dieser Basilika sind in die Vorderfront der heutigen Kirche eingemauert. Die ältere Geschichte des Klosters ist unbekannt. Man weiß jedoch, daß es noch im 19.Jh. bestand. Eine dort lebenden Nonnen namens Magdalene begrub den tapferen Michalis Ntalianis, der aus Epiros gekommen war, um an der Seite der Kreter zu kämpfen. Die Türken belagerten Ntalianis und seine Männer in Fragkokastello und massakrierten sie nach der Eroberung. Es wird erzählt, daß ihre Seelen dort blieben und in der letzten Dekade des Mai an dem Ort, an dem sie ihre Leben verloren, umherschweben. Eines

272. Der Heilige Onuphrios. Aus der gleichnamigen Kirche, die zum Kloster Preveli gehört.
273. Das Kloster Agios Charalampos in Fragkokastello.

Morgens erscheinen sie auf einem Pferd, reiten in Richtung Festung und verschwinden dann im Meer. Dieses Phänomen hat viele Forscher beschäftigt und es wurden verschiedenste Theorien zu seiner Erklärung aufgestellt.

Bei dieser Gelegenheit kann man auch die venezianische Festung von Fragkokastello besichtigen, bei der es sich um eine hervorragende Befestigungsanlage aus dem 14.Jh. handelt. Mit ihrem Bau wurde auf Beschluß des venezianischen Senats im Jahr 1371 begonnen. Sie sollte vor allem Verteidigungszwecken dienen und die Bevölkerung von Piratenüberfällen schützen. Genau gegenüber der Festung (nach Norden) steht die kleine Kirche Agios Nikitas. Auch hier gab es eine altchristliche Basilika, von der noch Spuren zu erkennen sind. Eine Kirche Agios Nikitas gibt es in der Gegend seit dem 14.Jh. Höchstwahrscheinlich bestand dort auch ein byzantinisches Kloster, das später dem Kloster Theologos auf Patmos überlassen wurde. In früheren Zeiten war die Kirchweih von Agios Nikitas eine der größten auf Kreta. Man konnte dort bewaffnete Tänzer sehen und Wettkämpfe im Pfeilschießen, Laufen und anderen Sportarten. In den letzten Jahren versucht man, diesen Brauch wieder aufleben zu lassen (15.September).

AGIA ZONI. Von Fragkokastello aus fährt man durch verschiedene kleine Dörfer von Sfakia. Es lohnt sich, in Voubas anzuhalten und die Höhlenkirche Agia Zoni zu besichtigen, die heute Bischofskirche des Dorfes ist. Neben der Kirche kann man noch alte Mönchszellen sehen.

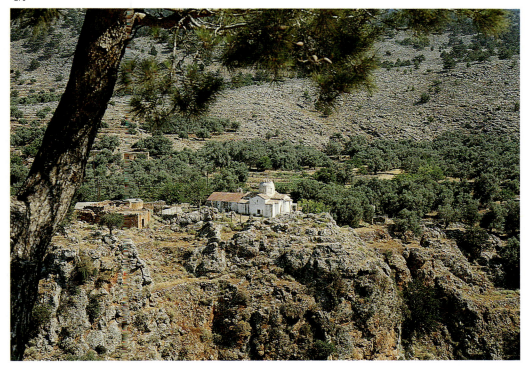

KLOSTER THYMIANI. In der Nähe des Dorfes Komitades liegt das bedeutendste Kloster der Gegend, das Kloster Thymiani. Es ist ein Wallfahrtsort und ein von allen Kretern geachtetes Kloster. Wenn auch nur weniges über seine ältere Geschichte bekannt ist, so ist es doch eines der historisch bedeutsamsten Klöster auf Kreta. Hier versammelten sich im Mai 1821 die Führer der kretischen Rebellen und beschlossen den großen Aufstand jenes Jahres. Der Mönch segnete ihre Waffen, die Aufständischen schworen, ihr Blut für die Freiheit Kretas zu geben und wenige Tage später begannen die Auseinandersetzungen. Im September desselben Jahres brannten die Türken das Kloster nieder und raubten die liturgischen Geräte, Paramente und Ikonen. Heute steht nur noch die Kirche mit ihren Dekorelementen und den Inschriften aus dem 19.Jh. In der Nähe des Klosters, zum Meer hin, liegt die Höhlenkirche Agios Antonios, eine der ältesten Einsiedeleien der Gegend.

KIRCHEN IN SFAKIA

Außer den Überresten von Klöstern haben sich in der Gebiet von Sfakia auch einige bemerkenswerte byzantinische Kirchen erhalten. Zwei dieser Kirchen kann man besuchen: die eine, die Kirche Agios Georgios, liegt im Osten der Provinz in Komitades und die andere, die Kirche Astratigos, im gebirgigen Gebiet von Anopoli im Dorf Aradena.

Die Kirche Agios Georgios liegt außerhalb des Dorfes Komitades. An der Westwand sieht man die Stifterinschrift mit den Namen Skordilos, Kera Kali und des Mönchs Gerasimos Fourogiorgis u.a. Die Wandmalereien schuf Ioannis Pagomenos im Jahr 1314 und es sind die ältesten, die er auf Westkreta malte.

Die Kirche Astratigos in Aradena ist dem Erzengel Michael geweiht und liegt an der Westseite einer wilden, eindrucksvollen

274. Kloster Thymiani. Der Glockenturm.
275. Die Kirche von Thymiani.
276. Die schöne Kirche Astratigos (Aïstratigos). Fotografie von Chr. Stefanakis.

Schlucht. Noch bis vor wenigen Jahren war es sehr schwer, nach Aradena zu gelangen. Man mußte die Schlucht hinab- und an der anderen Seite wieder hinaufsteigen. Doch durch die Eisenbrücke, die 1986 erbaut wurde, ist das Dorf heute sehr bequem zu erreichen. Die Kirche ragt zwischen den verfallenen Häusern der einst blühenden Siedlung auf. Es ist eine Kirche mit Kuppel und einem neueren Anbau an der Westseite mit Wandmalereien aus dem 14.Jh. Für die Bewohner der Provinz war die Kirche ein bedeutendes kultisches Zentrum. Dort schworen diejenigen, die des Viehdiebstahls verdächtigt wurden, und niemand wagte es, vor der Ikone des Erzengels Michael zu lügen.

AGIOS PAVLOS. Das beeindruckendste und älteste byzantinische Denkmal in der Gegend von Sfakia liegt im Westen des Gebiets, in der Nähe der Siedlung Agia Roumeli. Es ist die Kirche Agios Pavlos, ein Bau aus dem 11.Jh. Ein Besuch der Kirche ist ziemlich zeitaufwendig, doch sehr lohnend. Es gibt zwei Möglichkeiten, dorthin zu gelangen: entweder über die Berge oder über das Meer. Im Westteil von Sfakia gibt es keine Straßen, die an die Küste führen. Wenn man ein Wanderfreund ist, kann man die erste Möglichkeit wählen und den Besuch der Kirche mit einer Wanderung durch die bekannte Samaria-Schlucht verbinden. Die Schlucht ist 18km lang und man braucht 5-7 Stunden, um sie zu durchwandern. Am Ausgang der Schlucht liegt dann die Kirche. Die zweite Möglichkeit ist weniger ermüdend, aber genauso interessant. Man nimmt eines der Boote, die von Chora Sfakion, dem Hauptort der Gegend, nach Agia Roumeli fahren. Dort angelangt läuft man dann noch 15min. zu Fuß. Die Kirche liegt direkt am Meer, dessen Wellen sie seit mehr als tausend Jahren umspülen! Es ist eine schöne Kreuzkuppelkirche, in deren Innern sich Teile des einst reichen Wandmalschmucks erhalten haben. Als Stifter der Kirche wird der kretische Heilige Johannes der Eremit oder Fremde angesehen. Dieser Heilige wirkte auf Kreta in der Zeit nach der Befreiung von den Arabern (961), erbaut viele Kirche, gründet Klöster und stärkte das byzantinische und orthodoxe Bewußtsein der Bevölkerung, die 130 Jahre lang ohne Verbindung zum byzantinischen Reich gelebt hatte. Der Überlieferung zufolge soll der Heilige die Kirche im Gedächtnis an den Besuch des Apostel Paulus in der Gegend erbaut haben.

277. Die Kirche Apostolos Pavlos in Agia Roumeli/Sfakia.
278. Die Höhlenkirche Agia Zoni.

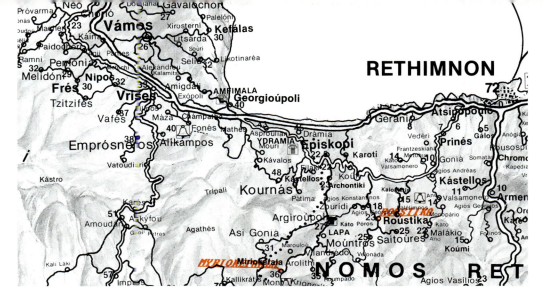

Route 17: Rethymno - Myriokefala
KLOSTER MYRIOKEFALA.

Myriokefala ist ein kleines Dorf in der Westgrenze der Präfektur Rethymno und liegt 37km von Rethymno entfernt (Abzweigung links bei km 22 der alten Straße (palia odos) Rethymno-Chania). Aber in diesem kleinen Dorf hat sich ein bedeutendes byzantinisches Momunent erhalten: das Katholikon des Klosters Antifonitria Myriokefala. Seine heutige Gestalt scheint seiner historischen und archäologischen Bedeutung zu widersprechen, denn in den letzten Jahren wurden 'Restaurationsarbeiten' vorgenommen, durch die aber sein momuntaler Charakter verlorenging, wie auch schon früher, als man die Zellen und anderen Gebäude des alten Klosters abriß, um an der Stelle ein modernes Gebäude zu errichten. Doch das Innere der Kirche versetzt einen in die byzantinische Zeit zurück. Besonders interessant sind die Ikonen, die das Bemühen zeigen, zwischen Kreta und Konstantinopel nach dem Ende der 130 Jahre währenden Araberherrschaft (961) eine neue Verbindung herzustellen. Sie zeigen das Bemühen lokaler Künstler, den neuen Kunstströmungen in der Malerei zu folgen, von denen sie völlig abgeschnitten gewesen waren. Die Wandmalereien der ersten, der älteren Schicht - die Kirche wurde auch in späteren Zeiten noch mit Wandmalereien ausgeschmückt - haben nicht die bekannte byzantinische Expressivität und weisen ziemlich breite Umrißlinien auf.

Die Kirche und das Kloster wurden im 10.Jh. von Johannes dem Eremiten oder Fremden erbaut. Der Heilige beschreibt in seinem Testament die Bedingungen, unter denen er das Kloster gründete. Er hatte ein altes griechisches Gebäude gefunden und als er hineinging, erblindete er. Sieben Tage und sieben Nächte lang blieb er, wie er selbst schreibt, blind. Die ganze Zeit über betete er. Am siebten Tag hörte er eine unbekannte Stimme, die ihm sagte, gen Osten zu blicken und dort, wo er ein Licht sehe, die Kirche der Panagia Antifonitria, der Antwortgebenden, zu erbauen. So begann er mit dem Bau der Kirche und des Klosters. Danach setzte er seine Wanderung fort, während der er weitere Kirchen und Klöster errichtete, die er zu Dependancen des Klosters Myriokefala machte. Dieses Kloster war also während der 2. byzantinischen Zeit eines der bedeutendsten religiösen Zentren auf Kreta. Johannes der Eremit unterhielt persönliche Beziehungen mit dem Kaiser und dem Patriarchen in Konstantinopel. Er soll aus der byzantinischen Hauptstadt auch Ikonen in Kirche von Myriokefala nach Kreta gebracht haben. Ob das Kloster "aus der Quelle des Kreuzes stammend" war, ist nicht bekannt, obwohl dies sehr wahrscheinlich ist. Falls es patriarchalisch war, so wurde es nach der Eroberung Kretas durch die Venezianer mit Sicherheit vom lateinischen Patriarchen in Konstantinopel in Besitz genommen. Dieselbe Taktik verfolgte der lateinische Patriarch auch hinsichtlich der kaiserlichen Klöster. Bisher hat man noch keine Daten oder Urkunden gefunden, die die Entwicklung des Klosters während der Venezianerherrschaft erhellen könnten. Es

279. Kloster Roustika. Pater Evmenios.
280. Einzug in Jerusalem. Wandmalerei aus dem Kloster Myriokefala.

bestand wohl weiterhin, war aber von keiner großen Bedeutung.

Dieser Zustand setzte sich auch nach der türkischen Eroberung fort. Es hatte wenige Mönche, die sich bemühten, die Geschichte des Klosters am Leben zu erhalten. In der Zeit der Türkenherrschaft (Beginn des 18.Jhs.) wurde die schöne Tragikone der Gottesgebärerin geschaffen, die sich heute in der Kirche befindet. Der Maler war sehr wahrscheinlich ein Mönch des Klosters Myriokefala. Der lokalen Überlieferung zufolge soll die Ikone allerdings wesentlich älter sein. Das Kloster war jahrelang unbewohnt und wurde zu einer Dependance des nahegelegenen Klosters Profitis Ilias Roustika. Ende des 19.Jhs. wurde es aufgelöst. Heute leben dort keine Mönche mehr.

KLOSTER PROFITIS ILIAS ROUSTIKA

Eines der vielen Klöster, die in der Zeit der Venezianerherrschaft entstanden, liegt unweit des Dorfes Roustika. Das Dorf liegt 16km von Rethymno entfernt und ist von sehr viel Grün umgeben. Es ist eine Gegend mit einer reichen religiösen Vergangenheit, mit verfallenen Mönchszellen, alten Kirchen und einer Fülle von Legenden als Zeugen seiner monastischen Geschichte. Zu den alten Klöstern, die es in Roustika gab, zählt auch das Kloster Panagia Kera, das etwa 500 Meter vom Koster Profitis Ilias entfernt am Südrand des Dorfes liegt. Es war ein Nonnenkloster. In den letzten Jahrhunderten gehörte es zum Koster Profitis Ilias. Dort wohnten die Nonnen, denn es war verboten, daß Nonnen und Mönche im selben Gebäudekomplex lebten. Neben der Kirche von Kera Panagia stehen noch die Ruinen der Zellen und Teile der Umfassungsmauern mit Schießscharten.

In der Nähe von Profitis Ilias, südwestlich des Dorfes hinter den letzten Häusern liegen die Ruinen des alten Klosters Agios Ioannis Theologos Myrodis. Es war zunächst ein selbständiges Klosters, das später, unter unbekannten Umständen, zu einer Dependance von Profitis Ilias wurde. Seine Kirche ist verfallen. Es stehen nur noch die Mauern, während die Decke schon vor Jahrzehnten herabgefallen ist. Ein großer Teil dieser einschiffigen Kirche ist von Efeu bewachsen. Die Ruinen der Mönchszellen zeigen, daß es ein relativ großes Kloster war.

281

282

Das Kloster Profitis Ilias ist das einzige Kloster der weiteren Umgebung, das bis heute besteht. Es ist ein Festungskloster, dessen Eingang an der Nordseite des Gebäudekomplexes liegt. Auf dem Türsturz gibt es eine Stifterinschrift mit dem Namen des Abtes Mitrofanis Vlastos und der Jahrezahl 1641. Das Kloster scheint der großen Familie Vlastos gehört zu haben, aus auch die Äbte stammten. Die Jahreszahl 1641 deutet an, daß die Bauarbeiten noch nicht beendet waren, als die Insel 1646 von den Türken erobert wurde. Der Architekt des ursprünglichen Baus verwendet Elemente der traditionellen orthodoxen Klosterarchitektur. Es ist ein Wehrkloster, bei dem die Zellen die Südseite sowie einen Teil der Ostseite einnehmen. Das große Refektorium (ein schmales rechtwinkliges Gebäude, in dem die Mönche gemeinsam ihre Mahlzeiten einnahmen) liegt an der Westseite, an der sich auch die Abtswohnung befand.

Zum Zeitpunkt der türkischen Eroberung war das Kloster noch nicht fertiggestellt und viele wichtige Gebäude waren noch nicht vollendet. Als die Arbeiten 1667 beendet werden sollten, griffen die türkischen Behörden ein, doch wurde dem Kloster von dem zuständigen geistlichen Richter, der Osmane war, Recht gegeben. Damals begannen die Mönche mit dem Bau der Ställe und der Magazine. Während der Türkenzeit gab es im Kloster eine Schule, doch hatte das Kloster viel unter der türkischen Willkür zu leiden. 1821 verkaufte es seine Wertgegenstände, um die Aufständischen mit Waffen und Munition zu versorgen.

Nach dem Befreiungskampf wurde das monastische Leben im Kloster neuorganisiert und die meisten Ikonen des Templon gemalt. Heute leben dort drei Mönche.

281. Kloster Myriokefala. Wandmalerei.
282. Skulpturierter Steinaltar im Hof des Klosters Profitis Ilias Roustika.
283. Kloster Profitis Ilias. Der kunstvolle Glockenturm.
284. Kloster Roustika. Der Abt.

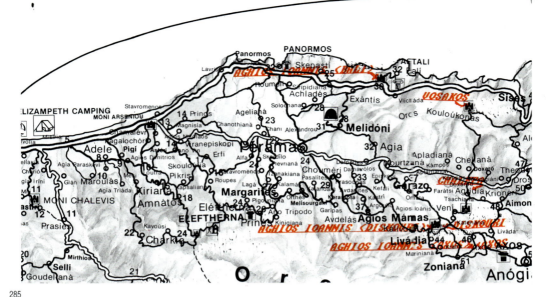

285. Ansicht des Klosters Attali (Bali).
286. Die Südseite des Katholikon.

Route 18: von Rethymno nach Mylopotamos
KLOSTER ATTALI IN BALI

Das Kloster Agios Ioannis Bali (oder Attali, wie es früher hieß) liegt in einer Gegend mit vielen Überresten und Ruinen alter Einsiedeleien an einem Berghäng oberhalb des Küstenorts Bali. Das Kloster besteht seit der Venezianerzeit, doch ist unbekannt, wann es gegründet wurde. Seine Lage ist sehr beeindruckend, denn obwohl man von dort einen sehr schönen Blick über das Meer hat, ist es vom Meer aus nur schwer zu sehen. Um es zu besuchen, nimmt man die Abzweigung von der Nationalstraße und erreicht dann bequem das Klosters. Früher lag der Eingang des Klosters an anderer Stelle. Die Straße, die dorthin führte, verband das Kloster nicht mit der Küste, sondern mit dem Inselinnern, und das Haupttor lag an der Westseite des Komplexes vor einem hohen Felsen. Es besaß die übliche Form eines klösterlichen Pylonas mit überwölbtem Gebäude und gemauerten Sitzbänken. Direkt hinter dem Pylonas lagen die Ställe, wo die Besucher der Zeit ihre Pferde unterstellen konnten. Die Architektur des Klosters weist einige Besonderheiten auf, die auf die Abschüssigkeit des Geländes und auf die erhöhten Verteidigungs-anforderungen der Zeit zurückzuführen sind. Das Katholikon befindet sich nicht in der Mitte des Klosterhofes, wie es die Klosterarchitektur des orthodoxen Ostens vorschreibt, sondern in einem eigenen Hof und auf anderem Niveau an der Nordseite des Gebäudeskomplexes. Die technischen Möglichkeiten der Epoche erlaubten keine andere Lösung. Besonders interessant ist

die Anlage des schmalen geschlossenen Innenhofes, in dem auch die Eingänge zu den Zellen liegen. Der Hof wird von Steinbögen überspannt, was einmalig für einen Klosterbau ist. Die Logik in der Analage des Klosters basierte auf der Schaffung kleiner ebener Flächen am Berghang und in der Ausnutzung verschiedener Niveaus für die Errichtung de Gebäude.

Die Geschichte des Klosters beginnt in den Jahren der Venezianerherrschaft. Die Mönche wählten einen Ort mit Erinnerung an mönchisches Leben und Asketentum, um dort ein organisiertes Kloster zu gründen. An dem umliegenden Berghängen und an der Küste gab es Einsiedeleien und kleine Klöster. Kennzeichnend ist, daß der eine Hügel, der dem Kloster gegenüberliegt, Pachoumis-Hügel (Pachoumios ist ein Mönchsname) heißt und der andere Agia Ypakoï. Inschriften und andere Daten belegen, daß das Kloster im 17.Jh. kurz vor der türkischen Eroberung erbaut wurde. Unbekannt ist, ob es an einer Stelle errichtet wurde, die man damals auswählt, oder ob es dort ein älteres Kloster gab.

Wenige Jahre nach der Fertigstellung des Klosters begann der türkische Angriff auf Kreta. Die Bucht von Bali wurde zu Kriegzwecken genutzt und das Kloster Agios Ioannis in die Wirren des Krieges verwickelt. Was genau passierte und welche Schäden es nahm, ist nicht bekannt. Eine Legende, die noch bis ins 19.Jh. auf der Insel Sifnos erzählt wurde, besagt, daß Mönche, die von der Insel nach Sifnos fliehen konnten, die Ikone der Panagia von Bali mit sich nahmen, die sich noch heute auf der kleinen Ägäisinsel befindet.

Aus Urkunden und Inschriften geht hervor, daß das Kloster während der gesamten Zeit der Türkenherrschaft besiedelt war. Seine Mönche nahmen am Befreiungskampf von 1821 teil und das Kloster wurde niedergebrannt. Die revolutionäre Tradition des Klosters wurde auch im großen kretischen Aufstand von 1866 fortgesetzt, in dem sich der spätere Abt von Bali Gerasimos Pikrakis hervortat. Gerasimos war mit einem kleinen Boot nach Skyros gesegelt, um von dort Waffen und Munition für die Aufständischen nach Kreta zu bringen. Die Türken kaperten das Schiff und brachten es nach Souda. Dort sprang Gerasimos ins Meer, schwamm ans Ufer und entkam so den Türken.

Nach 1940 ging die Zahl der Mönche

287. Kloster Attali. Teil des Gebäudes.
288. Kloster Attali. Der kleine langgestreckte Hof.
289. Kloster Attali. Achtförmiges Fenster.

beständig zurück und seit 1960 war es dann unbewohnt. 1982 wurde es reorganisiert, und im selben Jahr begann man auch mit den Restaurationsarbeiten.

KLOSTER VOSAKOS

Um das Kloster Stavromenos Vosakos zu besuchen, nimmt man einen Feldweg von Mylopotamos aus. Der Weg zu dem 8km entfernt gelegenen Kloster ist allerdings sehr schlecht und man sollte einen Wagen mit Allradantrieb haben. Nur wenige Besucher kommen hierher und die Natur ist noch unberührt. Oft kann man hier noch Rebhühner sehen. Nach einer ganzen Weile gelangt man auf eine kleine Hochebene mit einigen riesigen Pinien in der Mitte. Es werden noch andere Hochebenen folgen, denn die Natur hat diesen schönen Berg mit vielen Besonderheiten ausgestattet, mit einer üppigen Vegetation und vielen malerischen und sehr friedvollen Flecken.

Auf der letzten kleinen Hochebene, die fast eine Fortsetzung der vorhergehenden bildet, liegt das heute verlassene Kloster Stavromenos oder Vosakos, wie es von den Einheimischen genannt wird.

Das Wort 'vosakos' (βώσακος) ist dorischen Ursprungs und bedeutet 'Viehweide'.

Das Kloster hat eine festungsähnliche Gestalt, besitzt eine Umfassungsmauer und ist nach den traditionellen Regeln der Klosterarchitektur angelegt. Der Eingang liegt an seiner Ostseite. Vor dem überwölbten Diabatikon sieht man gemauerte Raufen, wo die Besucher des Klosters ihre Pferde anbinden konnten.

Das Kloster ist in seinem Grundriß rechteckig, doch den Besonderheiten des

Geländes angepaßt. Die Ostseite ist viel kürzer als die anderen drei und die Nordseite schmiegt sich an den Hang an. Die Nordseiten der Mönchszellen des Nordflügels sind in den Berg hineingebaut, sind also unterirdisch, während die Südseiten derselben Zellen zu ebener Erde liegen und auf den höhergelegenen Haupthof blicken. Wenn man durch den Haupteingang geht, sieht die man gemauerten Bänke im Diabatikon, auf denen sich die Besucher ausruhen konnten und vor Regen oder Hitze geschützt waren, und direkt dahinter liegt die Klosterkirche. Ihr Eingang liegt nach Westen und über dem Portal gibt es eine Inschrift in dunkelfarbigem Marmor, nach der die Kirche 1195 zum ersten Mal erbaut, zweimal abgerissen und wiederaufgebaut wurde.

Die heutige Kirche ist ein Bau aus den letzten Jahrzehnten des 19.Jhs. Bevor man die Kirche betritt, sollte man sich noch das gemauerte Quellbecken ansehen, daß direkt daneben an der Nordseite der Umfassungsmauer liegt. Heute ist die Quelle versiegt. Der Inschrift zufolge wurde es 1673 erbaut.

Von den Zellen und den übrigen Bauten sind aufgrund der fehlenden Instandhaltung heute nur

290. Ansicht des Klosters Vosakos.
291. Kloster Vosakos. Der Haupteingang.

292. Kloster Vosakos. Relief vom Haupteingang mit der Jahreszahl 1669.
293. Allgemeine Ansicht des Klosters Chalepa.

noch Ruinen übrig.

Von der Geschichte des Klosters seit seiner Gründung bis heute ist nur weniges bekannt. Es bestand während der Zeit der Venezianerherrschaft und in der Türkenzeit wurden viele Bau- und Ausbesserungsarbeiten vorgenommen. Die Inschriften, die sich an diesen Gebäuden erhalten haben, stammen aus jener Zeit. Charakteristisch ist die Inschrift über dem Haupttor, auf der zwischen den Armen eines schönen Reliefkreuzes die Jahreszahl ΑΧΞΘ' (1669) lesen kann. 1676 wurden dem Kloster Vosakos mit patriarchalischer Urkunde die Privilegien eines "aus der Quelle des Kreuzes stammenden" Klosters verliehen, wodurch es den Schutz des Patriarchats genoß. Zur Zeit des Aufstandes von 1821 befand sich das Kloster in einer Aufschwungsphase. Es war eine der größten Wallfahrtstätten der Umgebung und das Wasser seiner Quelle galt als segensreich und heilkräftig. Daneben beschäftigten sich die Mönche mit der Bienenzucht (es gab sogar eine besondere Werkstatt für die Gewinnung des Honigs aus der Wabe) und hielten eine große Zahl von Schafen und Ziegen. Doch während des Aufstandes wurde das Kloster niedergebrannt und 17 der 20 dort lebenden Mönche ermordet.

Es kostete viel Zeit und Mühe, das Kloster zu reorganisieren. Aufgrund seiner einsamen Lage auf der unbewohnten Hochebene war es ein bedeutenden Zentrum der Aufständischen. Es beherbergte Verfolgte und Kämpfer in seinen Zellen, und im Aufstand von 1866 griffen die Mönche sogar zur Waffe.

Nach dem II. Weltkrieg setzte sein Niedergang ein. Zu Beginn der 50er Jahre lebten dort nur noch drei alte Mönche. Das Kloster hatte weiterhin große Schaf- und Ziegenherden und viele Bienenkörbe. In diesen letzten Jahren des Bestehens des Klosters war hier ein Phänomen der völligen Harmonie zwischen Mensch und Tier zu beobachten. Die greisen Mönche waren nicht mehr in der Lage, die Tiere zu hüten und darum ließen sie sie auf den umliegenden Hängen frei grasen. Jeden Abend trat ein Mönch vor das Westtor, rief die Tiere, die sich binnen kürzester Zeit im Klosterhof einfanden, um sich melken zu lassen. Jene, die sich daran erinnern, erzählen davon mit großer Bewunderung, denn unter den Tieren waren auch Ziegen, die noch praktisch wild waren und unter anderen Umständen niemanden an sich heranließen. Seit 1955 ist das Kloster verlassen. Seitdem begannen auch die Gebäude, die noch von den letzten Mönche instandgehalten worden waren, zu verfallen. Von den meisten sind heute nur noch Ruinen übrig.

KLOSTER CHALEPA

Auch dieses große Kloster liegt an den Hängen des Psiloreitis. Es ist an einer landschaftlich sehr hübschen Stelle oberhalb des Dorfes Agridia erbaut. Die üppige Vegetation macht die Gegend noch schöner, besonders im Frühling, wenn die Wildbüsche ihre duftenden Blüten öffnen. Die Architektur des Klosters ähnelt der von Vosakos. Ein Haupttor führt in den Haupthof des Klosters. Das Eingangstor besteht aus einem überwölbten Pylonas (Diabatikon) mit gemauerten Bänken für die Besucher, die darauf warteten, daß das Kloster bei Sonnneaufgang geöffnet werde. Auf dem Türsturz des Eingangs steht der Name des neuen Stifters Ieremias Sgouros und die Jahreszahl 1673. Das Kloster bestand schon viele Jahrhunderte vor diesem Datum, aber die Türken hatten es 1646 zerstört und so mußte es wiederaufgebaut werden. Der Klosterkomplex erstreckt sich über mehrere Niveaus, auf denen die verschiedenen Gebäude stehen, die jeweils funktionelle Einheiten bilden: so liegen auf dem höchsten Niveau das Katholikon, die Zellen, die Abtswohnung, das Refektorium u.a., und auf einem anderen Niveau (westlich) die Ställe, die Magazine, die Ölmühle usw. Sobald man durch die Torhalle kommt, sieht man links das schöne, mit Reliefschmuck versehene, gemauerte Quellbecken des Klosters (die Quelle ist inzwischen versiegt). Etwas weiter links sieht man, wie in Vosakos, gemauert Raufen, und etwas dahinter stehen die Ruinen der Ölmühle und anderer Gebäude. Doch obwohl die Gebäude heute verlassen sind, haben sie nichts von ihrer Harmonie verloren. Die aus dem harten schwarzen Stein der Gegend gefügten Bauten zeugen von der Kunstfertigkeit der alten Maurer der Gegend.

Rechts vom Eingang liegt der große Klosterhof. An seiner Ostseite steht das Katholikon. Nur daß man dort heute zwei Kirchen an derselben Stelle sehen kann. Die alte und die neue. Die neue Kirche wurde um die alte herumgebaut, doch wurden die Bauarbeiten 1912 unterbrochen und seitdem nicht wieder aufgenommen! Es war damals beschlossen worden, die alte Kirche abzureißen und eine neue, größere zu bauen. Da jedoch Mönche in dem Kloster lebten, beschlossen sie, die alte Kirche nicht vor Fertigstellung der neuen abzureißen. Und sie begann zu bauen. Die

294

Wirren der Zeit (Balkankriege, I.Weltkrieg, griechisch-türkischer Krieg) führten jedoch dazu, daß die Arbeiten oft unterbrochen und schließlich unvollendet blieben. Das Gebäude ist zur Hälfte fertig und ohne Dach, und daneben kann man noch die sorgfältig behauenen Steine sehen, die für seinen Bau vorgesehen waren. Wenn die Kirche vollendet worden wäre, wäre es ein architektonisch sehr schöner und beeindruckender Bau geworden. Heute verdeckt die halbfertige Pracht der äußeren Kirche die fromme Bescheidenheit der alten, und die Szenerie ist ziemlich niederdrückend, wenn man dazu noch die blinden Fenster und die verfallenen Gebäude an diesem verlassenen Ort sieht.

Vor 1646 war es ein Nonnenkloster. Es besaß auch Häuser in Chandax (dem heutigen Irakleio), die es zumindest im 16.Jh. vermietete. Unweit dieses Klosters lag noch ein weiteres Nonnenkloster, das Kloster Agia Marina. Wenn man vor dem Hautptor von Chalepa steht und nach Westen blickt, sieht man in etwa 500m Entfernung eine kleine weiße Kirche. Es ist die Kirche Agia Marina, das Katholikon eines sehr alten byzantinischen Klosters. Ein Besuch lohnt sich. Es mag sich zwar nichts erhalten haben, was an ein Kloster erinnert, doch kann man dort bemerkenswerte Wandmalereien sehen, deren Farbgebung noch heute beeindruckt, und den expressiven Stils des uns unbekannten Malers bewundern, der im 14.Jh. lebte. Der Wandmalschmuck wurde in mehreren Phasen geschaffen. Über dem Eingangsportal sieht man das Hauswappen der Familie Kallergis.

Die ältere Geschichte der beiden Klöster (Chalepa und Agia Marina) ist sehr ähnlich. Es ist zwar nicht bekannt, wann sie gegründet wurden, noch welches zuerst entstand, doch weiß man, daß beide Klöster Nonnenklöster waren und beide zerstört wurden, als die Türken 1646 die Insel eroberten. Ein Dichter der Zeit, Marinos Tzane Bounialis beschreibt auf dramatische Weise das katastrophale Ereignis: die Türken entkleideten die Nonnen, die Klöster wurden zerstört und die Ikonen zerbochen! Das Kloster Chalepa wurde, wie bereits erwähnt, von dem Priestermönch Ieremias Sgouros wiederaufgebaut bzw. ausgebessert. Von dem Zeitpunkt an bis zu seiner Auflösung war es ein Mönchskloster. Das Kloster Agia Marina blieb unbewohnt und wurde zur Dependance von

Chalepa.

In der Zeit der Türkenherrschaft hatte das Kloster Chalepa mit vielen Problemen zu kämpfen, doch konnte es sein Überleben sichern und einen wichtigen Beitrag zu Unterstützung der Bevölkerung und der Aufständischen leisten. 1821 lebte dort der tapfere Mönche Nestoras Kokkinidis. Er war ein bekannter Widerstandskämpfer (Chaïnis) und arbeitete mit anderen Mönchen aus Chalepa zusammen. Mustafa Pascha lagerte mit seinen Truppen in der Nähe des Klosters und unternahm Angriffe auf das Dorf Mylopotamos und seine Umgebung. Als er von Nestoras hörte, setzte er auf seinen Kopf ein hohes Lösegeld aus, doch jener fürchtete sich keineswegs. Er schlich sich eines Nachts an den türkischen Wachen vorbei und stand plötzlich vollbewaffnet im Zelt des türkischen Kommandanten. Der Pascha soll von seiner Tapferkeit so beeindruckt gewesen sein, daß er ihn ungeschoren gehen und sogar seine Waffen behalten ließ. Während des Befreiungskampfes von 1821 ermordeten die Türken viele Mönche. Das Kloster reorganisierte sich sehr bald und konnte im Aufstand von 1866 wertvolle Dienste leisten. Der philhellene englische Journalist H. Skinner sah 1867 das verfallene Kloster und dachte angesichts der Reliefs an den Portalen über seine vergangene Pracht nach. Wo immer die Gebäude noch einigermaßen bewohnbar waren, traf er auf im Elend lebende kretische Flüchtlingsfamilien, die dort Zuflucht gesucht hatten.

Die Geschichte des Klosters scheint 1960 mit dem Tod seines letzten Mönchs ein Ende gefunden zu haben.

KLOSTER DISKOURI

Dieses Kloster liegt in einer malerischen Gegend unweit von Veni, einem Dorf in der Nähe von Mylopotamos. Es ist ein altes Kloster, das heute unbewohnt ist. Die ursprüngliche Form des Gebäudekomplexes wurde durch

294. *Kloster Chalepa. Die seit... 1912 halbfertige Kirche.*
295. *Wandmalerei aus der Kirche Agia Marina in Chalepa.*
296. *Kloster Chalepa. Ansicht der Kirche.*

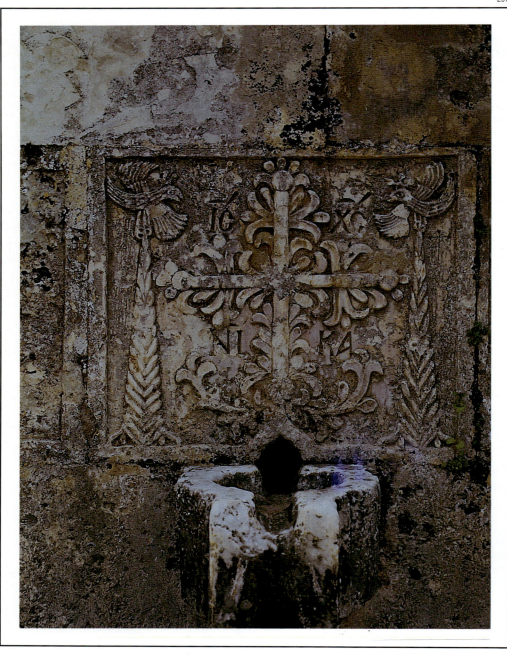

297. Das schöne, gemauerte Becken der heute versiegten Quelle im Kloster Chalepa.

verschiedene Eingriffe verändert. Doch kann man auch heute noch die traditionelle Klosterarchitektur erkennen, nach der es gemäß dem Willen der Stifter angelegt wurde. Im selben Gebäudekomplex befanden sich auch die Anlagen zur Verarbeitung der landwirtschaftlichen Produkte. Etwa in der Mitte des Hofes liegt die kleine Kirche des Heiligen Georgios, dem das Kloster geweiht ist. Rund um die Kirche lagen früher Gräber von Bischöfen, die man jedoch leider im Rahmen von 'Verschönerungsarbeiten' in den 60er Jahren mit einer Zementplatte abgedeckt hat.

In der Kirche befindet sich die Ikone des Heiligen Georg. Sie mag zwar nicht sehr alt sein, doch besitzt sie großen historischen Wert. Auf diese Ikone schwörten die Bauern der Gegend und legten Streitkeiten bei. Wenn z.B. einem Bauern Vieh gestohlen worden war, ließ er seine Freunde nach dem Namen des Diebes forschen, den sie auch meistens bald herausfanden. Dann sagte der Geschädigte dem Täter, daß er ihn verdächtige. Wenn jener leugnete, bat ihn der Besitzer der Tiere, mit ihm in die Kirche Agios Georgios zu kommen, um die Sache zu klären. Dort angelangt, stellten sie sich unter die Ikone des jungen Heiligen und blickten mit Ehrfurcht auf die Szene, in welcher der Heilige den Drachen tötet. Der Täter legte seine Hand auf die Ikone und leistet einen Schwur. Niemand wagte es, vor dem Heiligen zu lügen, und wenn er wirklich die Tiere gestohlen hatte, wurde er von seiner eigenen Schlechtigkeit überwältigt, gestand seine Tat und brachte die Tiere sofort zurück. Das Opfer des Diebstahls konnte danach nichts mehr von dem Täter fordern, denn der Schwur vor dem Heiligen war gleichzeitig ein Versöhnungsakt. Die Bewohner der Gegend glaubten fest daran, daß niemand es wagen würde, vor dem Heiligen einen falschen Eid zu schwören. Die Ikone im Kloster Diskouri war nicht die einzige Ikone, auf die die Bauern schworen und so ihre Streitigkeiten beilegten. Entsprechende Ikonen gab es auch in der Kirche Agios Fanourios im Klostser Varsamonero, im Kloster Agios Georgios in Selinari und in der Kirche Archangelos im Dorf Aradena in Sfakia. Der Schwur von Diskouri besaß jedoch die Besonderheit, das antike und das heutige Kreta einander näherzubringen, da die ersten beiden Wörter des Schwurs "νη Ζα..." dorischen Ursprungs waren und den Anfang eines antiken Schwurs im Namen des Zeus (grch. δίας > ζα)

298,299. In Mylopotamos (unweit des Dorfes Mourtzana) liegt die Kirche Despotis Christos, Katholikon eines alten Klosters, mit beeindruckenden Wandmalereien.

300. Das Kloster Dioskuri.
301. Ikone aus dem Kloster Dioskuri.
302. Die Kirche Agia Eirini in Axos.
303. Wandmalerei von der Friedhofskirche in Axos.01

bildeten. Und es ist schon erstaunlich, daß der Namen des Zeus auf den Lippen einfacher Bauern und Schäfer des Psiloreitis überlebte, fast zweitausend Jahre nach Christi Geburt. Die Schäfer wußten nicht, was diese beiden einsilbigen Wörter bedeuteten, denn sie waren in der Zeit der Türkenherrschaft aufgewachsen, kannten nicht einmal den Namen des Zeus, wußten nicht, wer er war und welche Bedeutung er für die Religion der Alten besaß. Die Schäfer des Psiloreitis hörten einfach den Schwur von ihren Großvätern, die ihn wiederum von ihren Großvätern gelernt hatten.

Die Verbindung der Gegend mit dem Namen des Zeus ist kein Zufall. Auf dem Psiloreitis (Ida) gab es ein Heiligtum, das in der ganzen antiken Welt bekannt war, denn dort wurde der griechischen Mythologie zufolge Zeus geboren. Das Kloster Diskouri hatte eine besondere Beziehung zu dem heiligen Berg und der Höhle des Zeus, der Idäischen Grotte. Der hohe Gipfel des Berges genau oberhalb der Grotte gehört zu dem heute verlassenen Kloster. Die Mönche von Diskouri waren die Priester in dem Gebiet, denn selbst heute noch steht auf diesem Gipfel die kleine Kirche Stavros, die früher zum Kloster gehörte.

Die Geschichte des Klosters ist unbekannt. An seiner Stelle soll es ein antikes Dioskuren-Heiligtum gegeben haben, was aber bisher nicht nachzuweisen ist. Das Alter des Kloster ist durch eine Kirche belegt, die neben der Kirche Agios Georgios von den Mönchen für Gottesdienste genutzt wurde. Es handelt sich um die byzantinische Kirche Agios Ioannis Prodromos, die in der Nähe des Klosters liegt. Unter den Wandmalereien gibt es auch eine Darstellung der Stifter, die die Mittel für die Ausmalung der Kirche bereitstellten. Es handelt sich um ein kretisches Ehepaar aus der Zeit der Venezianerherrschaft. Der Mann trägt ein rotes Gewand mit einem weißen Gürtel und schwarze Schuhe und die Frau ist in einem weißbestickten Kleid dargestellt. Die kretischen Hagiographen der byzantinischen und nachbyzantinischen Zeit bildeten in den Kirchen die Stifter ab, und diese Darstellungen bilden wichtige Zeugnisse über die Trachten in jener längst vergangenen Zeit.

Das Kloster blühte in der Zeit der Türkenherrschaft. In dieser Zeit gelangten bedeutende handgeschriebene Bücher in seinen Besitz. Es ist möglich, daß dort im Auftrag des Klosters der kretische Schreiber von Codices

Georgios Gounales arbeitete (18.Jh.), der durch seine Werke bekannt ist, die sich im Kloster Apansosifi erhalten haben (oder im Auftrag dieses Klosters geschrieben wurden). Zerstört wurden die Klostergebäude während des türkischen Angriffs von 1646 (es wurde sehr wahrscheinlich mit Kanonen beschossen), während der Befreiungskämpfe von 1821 und 1866 sowie durch das große Erdbeben des Jahres 1856. Im Aufstand von 1866 war es Sitz des Revolutionskomitees. Der letzte Mönch von Diskouri starb 1990, seither ist das kleine monastische Zentrum des Gebietes um Mylopotamos unbewohnt.

BYZANTINISCHE DENKMÄLER IN AXOS

Bei einem Besuch der Gegend sollte man auch einige bedeutende byzantinische Denkmäler im Dorf Axos besichtigen. Dieses Dorf ist seit Tausenden von Jahren besiedelt und es gibt dort Monumente aus antiker und byzantinischer Zeit. Seit 535 war es Bischofssitz. Im Dorf gab es zwei altchristliche Basiliken und zahlreiche byzantinischer Kirchen. Einige davon haben sich bis heute erhalten. Beeindruckend ist die kreuzförmige Kirche Stavros, die mitten im Dorf liegt, und sehr bemerkenswert sind die Wandmalereien in der Kirche Agios Ioannis (heutige Friedhofskirche), darunter die Deesis im Altarraum, die Ikone des Heiligen Mamas, der ein Tier in den Händen hält sowie Szenen mit Höllenstrafen. Die übrigen Kirchen sind entweder verfallen (Agia Pakos oder Agia Ypakoï) oder wurden restauriert. Eine weitere schöne alte, leider verfallene Kirche steht am Hauptplatz des Dorfes.

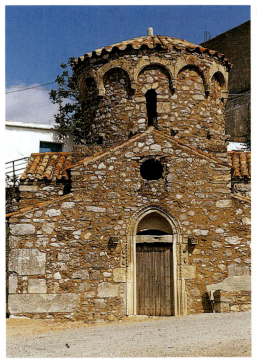